門奈直樹著

現代の戦争報道

岩波新書

881

目　次

現代の戦争報道

目次

序　章
「情報戦争」の時代とメディア
——いま，なぜ戦争報道か——

中継車から衛星テレビカメラで戦場を撮影するジャーナリスト（© Howard Davies/Panos Pictures）

新しい戦争の時代とメディア

今、私たちは新しい戦争の時代に生きている。そして、戦争を取りまく環境も次の三つの次元で大きく変化してきている。

第一は冷戦構造の崩壊後、ネオ・リベラリズムが浮上したこと、第二は時間的、空間的束縛が急速に取り払われ、世界を同時に統合・分離するグローバライゼーション（グローバリゼーション）の流れが台頭したこと、第三は戦争当事者によって〝情報戦争〟と呼ばれる要素を増やしながら、戦争のあり方そのものが変化してきたことである。

ここでいう〝情報戦争〟とは、全世界にはりめぐらされた通信ネットワークを使って、軍事秘密や民間情報を傍受し、その情報を戦争目的に使っていくことである。コンピュータ技術を駆使した戦場では卓越した情報収集能力や通信技術能力が問われる。

こうした状況のなか、メディアは戦争開始にあたって、必要不可欠な役割を演じさせられている。過去の戦争ではメディアは通常、母国の苦闘を支援するために積極的に使われ、勝利への効果を期待するために利用されてきた。しかし、今日では情報戦争と呼ばれる環境の変化で、メディアの役割も変わってきた。そうしたとき、「グローバライゼーション」の問題が戦争についての議論の中核を占めるようになった。

一般に「グローバライゼーション」とは「世界化」ないしは「地球的」と訳される。この用語は近代思想や社会科学が論じてきた近代の「普遍性」という意味をもち、また、もう一つには冷戦構造崩壊後の一九九〇年代以降は地理的広がりをさす言葉として、定着した。

メディア論における「グローバライゼーション」とは、文化が国境を越えて広がることをいう。それは、共通の象徴環境(言葉を中心とするシンボルに媒介される環境)を意味する。すなわち、旅行、料理、音楽、服装などの流行現象において見られるように、メディアは「グローバライゼーション」の前面にでてくる。その結果、衛星放送の利用などを通じて、今日、私たちは世界のどこでも共通の情報を驚くほど大量に入手できる。

戦争ジャーナリストの置かれた状況

こうした時代においてメディアと戦争の問題を考えると、次の二つの点が指摘できる。

一つには戦争は相変わらず報道価値が高いということ。もう一つはそれゆえに、ジャーナリストは複雑な立場におかれているということである。

前者でいうと、日露戦争開戦時、『万朝報《よろず》』の黒岩周六が「戦争が起これば新聞の発行部数が伸びるというこの現実を、無視するわけにはいかないのだ」と言ったことが想起される。昔も今も戦争はドラマチックであり、人々の関心をつかみ、巨額の金が動き、ニュース・メーカーにとっても報道の最優先事項となる。これは戦場で市民が殺戮され、ミサイルが飛び交うといったニュースだけがメディアの関心を得るということではない。戦争への関心はその規模や激しさ、どこで起こっているか、場所や参加している国々の世界戦略、その周辺地域への影響など、さまざまな要因が含まれる。

後者で言うと、戦争にかかわるジャーナリストたちは自分たちがカバーする戦争の情報源にのめりこむ一方、ときに〝皮肉な〟そして〝倫理的な〟コメントもするというように、矛盾した一面をもっているということである。

それは彼らがもっとも尊敬する言葉が「真実」であるからだ。彼らは「真実」を発見したときにジャーナリストとしての名声を得る。たとえば、ベトナム戦争の卑劣さを暴露したデイビッド・ハルバースタムや、一九八〇年代初頭のカンボジアにおける残虐事件を追及したジョン・ピルガー、湾岸戦争時、身の危険も顧みず、一人バグダッドに残り、戦争報道を行ったピーター・アーネットなどが思い出される。アーネットは、イラク戦争では米NBCの記者として戦場に入り、インタビューした行為が敵を利したと咎《とが》められ、NBCを解雇されたものの、彼のジャーナリストとしての名声はその後、英大衆紙『デーリー・ミラー』に雇用される要因となった。

本書でもたびたび、登場することになるイギリスの戦争報道史家フィリップ・ナイトリーは一九七〇年代、『ファースト・カジュアリティー』(芳地昌三訳『戦争報道の内幕――隠された真実』時事通信社、一九八七年)を著した。彼はそのなかで「真実は霧のなかでぼやけてしまっている」と書いた。

彼がこう書いたのは、ジャーナリストには情報操作に対する抵抗感があると言いたかったからであろう。戦争ジャーナリストには、報道の使命を果たすことがいかに難しく、また、権力者にとって不愉快であったとしても、戦場では〝あるがままのことを語る〟という倫理観があるからである。

ロンドン・シティ大教授、フランク・ウェブスターは、戦争でもしも軍事的敗北があれば、それは自由なメディアの存在によるものだ、ということがベトナム戦争でのアメリカの敗退以来、世界の軍事関係者から言われたと指摘し、次のように述べた。メディアは戦争の遂行にとって重要ではあるが、戦場にいるジャーナリストを信頼してはならない。そこで、戦場でジャーナリストをどう扱うかの工夫が軍部によってなされた。彼らに監視人をあてがい、軍事スポークスマンを通じて偽りの情報を与えていく。その結果、軍によって選択された一方的な情報が氾濫していくことになるのだ、と(論文「グローバライゼーション時代の情報戦争」、原題"Information Warfare in the Age of Globalization", 2003)。

だが、現代ではメディア・コントロールも難しくなった。一九九九年のコソボ戦争ではこの地域に二〇〇〇人のジャーナリストがいた。彼らは複雑な状況下、雑多な集団を組んでいたから、そのすべてを軍部がコントロールすることはできなかった。なかにはコントロールの網から漏れてしまうジャーナリストもおり、彼らは往々にして皮肉なコメントをしたり、倫理的姿勢をとっていく。

こうしたジャーナリストは国益とか国家の安全とかに興味をもたない活動をするが、彼らの出現もまたグローバライゼーションの結果であった。

グローバル化と新たな戦争

誰も近い将来、国家が消滅するとは思わないが、グローバル化の浸透によって、国家意識がもろくなっていることも確かだ。ケーブルテレビや衛星テレビ、コンピュータ機器の急速な拡大と普及はそうした意識に拍車をかけ、世界のメディア環境をグローバル化させ、国家が送り手や受け手を統制するのを困難にさせている。

この背景にはグローバル化にともなう地球的規模の民主主義の拡大と人権意識の高揚がある。また、グローバライゼーションの絶大な効果は、人的資源の大規模な交流・交換、国境を越えるリアルタイムの意思決定、市場経済や貿易の拡大の結果、国が領土の拡張のために他国に出向く傾向を減らすことにもなった。

ふりかえれば、この数世紀間の戦争は土地や資源の奪い合いのためであったが、今日では利権拡大のための戦争はあっても、領土拡大のための戦争はない。だが、グローバライゼーションの効果にはネガティブな面もある。

アメリカの人口は世界の三%。しかしながら、世界の富の三分の一はこの国に集中していると言われる。一極集中化現象のなかで地球規模で拡大している不平等現象、常軌を逸した競争社会の出現、そして巨額な資金投入によるテクノロジー革命の結果、富める国の人間とそうでない国の人間との間には生活水準において格段の差異がある。

社会学者アンソニー・ギデンズは、現代では富める人たちは〝国家を背負わない敵〟に直面しているのだと言った(アフガン戦争時のロンドン大学の市民講座での発言)。これが〝文明の衝突〟などと言われてアル・カイダなどオサマ・ビン・ラディンのネットワークが存在する現在の状況である。このネットワークは西側諸国の指導者たちにとって〝グローバライゼーション〟が生みだした新しい種類の敵でもあったのである。

こういう状況はメディアを困らせる深い問題をはらんでいる。それは戦争の実態を不明確にし、戦争の真実を見えなくさせているからである。しかも、冒頭で述べたように、現代の戦争が情報戦争であるということとも関連する。

現代の情報戦争の特徴

ウェブスターは、第一次世界大戦から一九七〇年代にかけての戦争の特徴として次の事柄を列記した。

・この間の戦争はほとんどの場合、領土をめぐっての国家間戦争であった。

・戦争のために多くの市民が動員された。
・兵士の多くは普通の若い男性であり、戦場に投入されると多数の死傷者がでた。
・戦争遂行のための努力として、奪ったエネルギー資源が戦争に不可欠な産業体に投入されるとともに、軍隊の力をどう最大限に発揮させるか、その戦略が軍指導者によって練られ、実行された。
・国家の利益を強調することにより、戦争遂行のためにメディアを利用した。それゆえ、情報を検閲し、監視するための強力な国家機関が設置された。

そして、現代の情報戦争の内容について彼は次のように述べた。

・情報戦争ではもはや多数の兵士の動員は必要とされない。戦争の実行は比較的少人数の専門的知識をもった兵士や支援部隊に依存する。これは現代の戦争が兵士から迎撃航空機、レーダーやGPSなどを利用した監視システムといった複雑でコンピュータ化された手段を扱う専門家に権力を集中する知識集約型の戦争へ転換したことを意味する。
・その結果、直接戦闘を担う実働部隊の役割は小さくなり、背後に控えているより技術的に特化した役割の兵士が重要視される。そこでは味方に負傷者が出るというリスクを含みながら、襲撃を通じて敵を圧倒する戦略が練られる。
・その戦略は数日ないしは数週間で戦争を終わらせるという意味で、〝インスタント戦争〟

と呼ばれる方向で発揮される。すなわち、最小限の犠牲で最大限の勝利を収めるという印象を与えることが重要であり、そのための情報操作が不可欠だ。

・こうした情報戦争は念入りな計画を必要とする。今日、巨大な量の情報はコンピュータ・プログラムと一体となって武器の間を行き交う。散在する敵を壊滅するためには全速力で多面的な攻撃をするとともに、広い地域を詳細に監視し、ピンポイント爆撃をしていく。そのための情報収集能力が問われていく。

・情報戦争では多くの市民を実際に戦場に動員することはない。のみならず、一般市民は情報戦争にかかわることは少ないが、メディアを通して間接の戦争体験をもっていく。メディアの報道範囲は拡大され、戦争に対する意識も高まる。

・情報戦争では市民の戦争への認識が重要となる。とくに世論の動向が戦争への情熱に多大な影響を与える民主主義国家では、軍隊の士気をいかに高めるか、そのためのプロパガンダを実行していかなければならない。また、国内では、戦場の生々しい写真に市民が敏感に反応しないように情報管理をすることが求められる。ただ、むやみに管理していくと軍への信頼性が損なわれる。信頼性を害さないように、管理には検閲という印象を与えてはならない。

・戦争中、兵士たちはメディアもまた戦争にかかわることを望む。メディアがかかわっていれば、戦争が広く市民に受け入れられていると思うからだ。しかし、ジャーナリストのなかには戦争に懐疑的な人もいる。今日、ビデオカメラやインターネットを使って画像やレポート、意見は比較的容易に集められ、伝えられるので、メディアを厳しく管理するのは不可能である。

グローバル・ジャーナリズムの現代的意味

ところで、「戦争とメディア」というテーマで重要なのは、グローバル・ジャーナリズムないしはグローバル・ジャーナリストの現代的意味を問うていくことであろう。

『グローバル・ジャーナリズム論』(原題 *Practicing Global Journalism*, 2001) の著者ジョン・ハーバートは、グローバル・ジャーナリズムのもっとも差し迫った問題は個々のジャーナリストが自分の記事に対して国際的センスをもつことだという。彼がこう指摘する背景には世界的規模でのインターネットの普及現象があった。

インターネットの普及で、欧米ではジャーナリズムは一段と国際的になり、グローバル化した。グローバル・ジャーナリストたちはニューヨーク、ロンドン、パリに拠点のある企業で働いているとしても、これらの地域に居住する必要はない。世界のどこにいても仕事はできる。国境を越えた仕事は一般的になり、その結果、彼らの仕事内容にはグローバル化の視点が求められる。情報の受け手が多国籍化しており、無国籍化の傾向にあるからである。

当然、グローバル・ジャーナリストの仕事は、国家という狭い概念にとらわれることなく、また、かたよった見方を排除する方向でなされなければならない。

たしかに、グローバリズム時代において、一方で民主主義の風潮は発展途上国においても普及したから、政府による統制や監視は難しくなり、ニュースの視点や内容をより自由に選択できるようになった。しかし、他方でメディア企業はより市場主義的な経営戦略をとるようになり、それによってジャーナリストの自由と自主性は妨害されることもある。

情報やニュースはより商品化され、新聞社や放送局はますます市場主義主導のアプローチの仕方を取り入れるようになった。その結果、メディアは政治権力や経済権力の番人と〝真実〟の提供者という歴史的役割を十分に担えなくなりつつある。そして新しい広告主を見つけ、彼らに合ったメディア事業を行おうとしているのが世界のメディア界の現状である。

こういうメディア環境の変化のなかでは、グローバル・ジャーナリストは報道の自由を尊び、どのようなニュースを作り、どのように記事を書くか、どう放送するか、それを決定する自主性と強い信念をもたなければならない。なぜならばジャーナリストは〝創造する〟人間でなければならないからだ。そのためには自由と自主性に支えられなければならない。自由と自主性は、彼らの仕事への満足度の指標となる。

前出のハーバートは、二〇〇一年現在、ジャーナリストの自分の仕事への不満足度の比率がもっとも高いのは香港のジャーナリストであり、ついで、台湾、アルジェリア、ブラジル、中国と続く、と書いた。これらの国では市場主義の弊害以前の問題として、国家統制が極めて強い。したがってグローバル・ジャーナリストは誕生しにくいのだと言う。

ちなみに日本はどうか。近隣諸国と同様、この国には次のような問題があると彼は指摘した。「太平洋西岸諸国の報道の大きな問題の一つはタブーの存在だ。日本やタイでは皇室や王室の批判は絶対にできない。シンガポールやマレーシアでは、マレーと中国社会の軋轢《あつれき》に言及することはできない」(ハーバート、前掲書)

日本を含めたこれらの国々のメディア環境では、依然として国家が前面に出てくる。国家が前面に出てくると、「メディアとナショナリズム」の問題が浮上してくる。戦争報道でも同様である。国家を意識し、そのためのタブーが存在する社会では、グローバル・ジャーナリズムのあり方にも限界があるのだと、彼は見る。

それはともかくとして、彼言うところのグローバル・ジャーナリストとは地球規模のニュース分野で報道活動をする人である。その仕事は魅力的で、受け手をわくわくさせ、興奮させる。だが、たとえば戦争特派員の場合、彼らの活躍の舞台は危険地域が圧倒的に多い。危険地域で彼らは世界のホットなニュースをカバーしていく。同時にプロパガンダを分類し、取り除いたり、ときに誰がよい人で、誰が悪い人かを判断しなければならない。その判断はステレオタイプに陥ってはならない。良識と注意深さが必要だ。

彼らには高度な知識の収得や、多くの専門家との交流、戦闘地域ではどういう通訳をともなうかも重要になり、それらの要素が彼らの仕事の質を決定する。とくに、戦闘地域では地形に精通した道案内人やコネが必要だ。コソボ戦争時、ドイツ人記者三人が殺害されたが、彼らはコソボの地形もわからず、その地域の言語もまったく理解できなかったという。

現代の戦争報道への課題

繰り返して言うが、今日、デジタル革命の結果、ノート型パソコン、携帯電話、衛星電話などを介して未知の場所から現地の動きをレポートすることは簡単になった。その結果、国家や軍が偏見を助長したり、自主規制を強制するなどといった包括的検閲を行うことは困難になった。にもかかわらず、現代の戦争報道に多くの問題があるのはなぜなのか。

グローバライゼーションが浸透しつつある現在、グローバル・スタンダードが強調される一方、価値多元化、多文化化も進んでいる。そうしたとき、オルタナティブ・メディアも含めて、多次元的、多層的メディアの共存・共栄を保障・拡大し、表現の自由と情報への権利を行使し、包括的検閲以外のメディア・コントロール、すなわち安全確保に名を借りた情報管理を排除するための合法的基盤を国際的に作っていくにはどうしたらいいか。物質的に恵まれない地域に固有の歴史的、文化的伝統と欧米スタイルのジャーナリスティックな習慣、たとえば、客観主義や中立主義といった近代的アプローチとの間にどのような折り合いをつけていくべきか。これらの地域では客観主義の報道や中立主義の報道は通用しない。現代の戦争報道への課題は多いのだ。

今日、戦争に関するニュースは生産され、そして消費される。そういう時代にあって、本書ではケース・スタディとして、九〇年代以降の戦争報道に関するさまざまな事象を時代を追って点検したい。この期間、戦争報道の実態も微妙に変化した。それは軍や政府のプロパガンダの形式と内容、軍当局が提示した戦争取材のルールの変化とも関連する。本書ではまた、冷戦構造崩壊以後の各種の戦争にアメリカとともに主体的にかかわったイギリスでの議論を紹介しながら、それらを日本の戦争報道の問題を考える拠り所にもしていきたい。

第1章
ゲーム感覚の戦争報道
——湾岸戦争——

OBSERVER GULF WAR

The real face of war

Arabs suffer the agony of military humiliation

湾岸戦争のメディア統制を告発した英日曜紙『オブザーバー』
1991年3月3日「戦争の真実」特集号

1　テレビ時代の戦争報道

ベトナム戦争の教訓

湾岸戦争が勃発したのは一九九一年一月である。イギリスの経済誌『エコノミスト』は開戦三日後の一月一九日号で「湾岸戦争の真実は戦争が終わるまではわからない。それは時間と忍耐のいることである」と書いた。

しかし、あの戦争が正義の戦争だったのか、不正義の戦争だったのか、戦争の真実は二一世紀になった今日でもわからない。戦争とはそういうものなのである。

当時の第四一代アメリカ大統領ジョージ・ブッシュは戦争終結の日、テレビカメラの前で「今日は世界にとって誇り高き日である」と演説した。彼はこの日が戦場における軍事的勝利の日であるとともに、この国が情報戦争においても勝ったということを世界中に宣言したが、こうした彼の意識にはかつてのベトナム戦争症候群があったのである。

ここでいう「ベトナム戦争症候群」とはなんだったのか。まずはその意味をさぐることからテレビ時代の戦争報道について考えていきたい。

周知のように、アメリカはベトナム戦争で第三世界の共産主義小国に負けた。世界でもっとも強力な国が敗北したというこの事実は、誇り高きアメリカ人を傷つけた。アメリカは衰退の途にある超大国にすぎない。多くのアメリカの知識人たちはそう言ってはばからなかったが、それでもなお、アメリカの支配者たちは栄えあるアメリカの軍隊に誇りをもっていた。彼らにはこの戦争での本当の敵はメディアだったという思いが強かった。

イギリスの高級紙『デーリー・テレグラフ』は湾岸戦争が終わって二カ月後、一人の司教がIPI（国際新聞編集者協会）の総会で行った「もしもアメリカ軍が湾岸戦争中、ベトナム戦争から学んだ教訓があるとすれば、それはジャーナリストがこの国を敗戦に追いやったということだった」という発言を掲載した。司教は一九九〇年八月二日、イラクのクウェート進攻を機に中東で勃発した湾岸危機で、アメリカ軍がテレビに神経をすり減らしているのを見てそう思ったということである。

ベトナム戦争ではテレビが茶の間に入り込み、アメリカの厭戦気分に一役買った。察するに、ブッシュ大統領が湾岸戦争時テレビの前で次のように言ったのも、こうした事情によったのであろう。

「国民の皆さんに以前お話したことがありましたが、今度の戦争はもうひとつのベトナム戦争にはなりえません。今夜はそれを繰り返しお伝えしたいと思います。今度の戦争ではわれわれの軍隊は、全世界から可能な限り最高の支援を受けることになるでしょう。ベトナム戦争とはちがって今度の戦争での軍隊は多国籍軍なのです」

彼はアメリカ一国の戦争でないことをわざわざテレビの前で強調した。そこにいたるまで、彼は「平和と安全」を回復させるために必要なすべての手段を行使する国連決議六七八号を遵守し、そして開戦にいたったことを熱っぽく説いた。クウェートからサダム・フセインを追いだすためには大義に根ざした軍事的公約が必要だったのである。

こうして始まった「砂漠の嵐」作戦(=湾岸戦争)では市民の抗議が浮上する暇を与えないほど速いテンポの戦争を行うことが肝心だった。あわせてメディアをコントロールすることも重要である。そのためには明確な戦争目標をもたなければならない。

それは、一つにはイラクが即時、クウェートから無条件で撤退すること、二つにはその後、合法政府をクウェートに樹立すること、三つには海外在住のアメリカ市民の保護とこの国の国家安全保障とを両立させる基準に沿った、平和と安定性の確保だった。四つには市民が前途に待ち受ける不測の事態に冷静に対応すること、五つにはサイゴンからの屈辱的な撤退を余儀なくされてから一五年、テレビにイラクとの戦争で、その役割を縦横に発揮させることであった。

テレビというメディアを戦場で野放しにしていたら、記者たちは残酷さという点で独特のかたよった見地で戦争を描写するかもしれない。まったく規制のないテレビ報道がすべての家庭で見られることが民主主義の理想的な姿というものであろうが、もしも、それが実現したら、たとえ正義の戦争であっても戦いぬくことは難しかろう。かつて、イギリスの首相をつとめたロイド・ジョージは第一次大戦中、『マンチェスター・ガーディアン』の主筆、C・P・スコットの質問に答えて「もしも、国民が戦争の実態を知ったなら、明日にでも戦争は終わってしまう。しかし、政府としてはそのようにするわけにはいかないのだ」と言ったが、同じ思いがアメリカの政府高官や軍当局者の脳裏によみがえったのも不思議ではなかった。

それはイギリスの高官、軍関係者でも同様であった。この国は一九八二年、本国からはるか離れた南米のフォークランド諸島で戦争を経験し、勝った。彼らにはこの勝利は、残酷さを映しだすテレビの生中継ができないところで戦争が行われたことによるように思われた。アメリカとちがってイギリスの高官らにはベトナム戦争症候群はなかったのである。

アメリカの場合、一九八三年のグレナダ、一九八九年のパナマでの軍事行動でもベトナム戦争症候群があった。これらの紛争はアメリカの裏庭での紛争であった。湾岸戦争はアメリカから遠く離れた中東での戦争であったが、情報技術の驚異的発展は第三次世界大戦となる可能性もあったこの戦争から世界のメディアを遠ざけることはできなかった。一九九〇年秋、ケーブルニュース・ネットワーク(以下、CNNと表記)がバクダッドとワシントンの仲介役気取りでサダム・フセインとブッシュの〈口撃〉戦争を紹介して以来、伝統的には秘密裏に行われてきた外交の世界へ、テレビが初めて公開討論の場を提供した。それはテレビが宣伝戦に利用されたことを実証した。

宣伝戦ではイラクとアメリカのリーダーが互いになじりあい、自分たちの存在を誇張しあうだけにはとどまらない。もしも戦争が起これば、多国籍軍の大河物語が作られるであろう。その物語はサダム・フセインがクウェートに侵入し、石油資源を管理することを通して世界支配を試みる「新しいヒトラー」だというイメージ作りのなかで組み立てられなければならない。こうしてテレビは単にニュースと情報を伝えるだけではなく、宣伝目的のために利用される。現代の情報技術はそこまで発展していたのであった。

テレビ生中継の作りだす世界

湾岸戦争は、生中継による最初のテレビ放映戦争であった。テレビはベトナム戦争以来、卓越した役割を演じてきたし、また、世界における窓といわれてきたが、湾岸戦争ではテレビは情報を操作する人たちによって生みだされたイメージの鏡であると位置づけられた。

イメージの鏡ということでは、テレビの生中継が作りだす世界はじつに危険な世界だ。テレビの世界では正確さよりも迅速さが競われる。放映されている事実がどんなに疑わしくても、検証されることなく伝えられる。

とくにテレビの記者たちは、戦争の全体像を見るよりも部分を撮影することに興味をもつ。彼らは社会学者でもなければ、歴史学者でもない。魅力ある物語、競争力の強い話題を作れというプレッシャーに常に見舞われている。そのために目先の情報に振り回され、背後にある巨大な情報から目をそらしてしまうことになる。その結果、信頼できる情報があまりにも少ないという状況が生みだされた。

テレビは湾岸戦争があたかも開かれた戦争であるかのように印象づけていたが、実態はそうではなかった。現地の記者たちはワシントンやロンドンのニュース・ルームから送られてくる最新の放送用ストーリーを読んで、バクダッドで起きている諸事象の意味を解読していた。彼らは戦争のまっただなかにいながら、逆に頻繁にペンタゴンやリヤドに事件の意味を問い合わせなければならなかった。テレビが戦争の現実を伝えていると信じるのはあまりにも短絡的だと言われたのはこのためである。

視聴者が見ている映像は、戦争の現実にとって必ずしも重要なものではなかった。にもかかわらず、生中継のテレビ画像に接していると、いつしか批判的かつ客観的に戦争を判断する能力を失っていく。『メディアの権力』の著者でベトナム戦争の卑劣さを暴露したデイビッド・ハルバースタムも指摘したように、テレビはそういう催眠術効果をもっている。彼はテレビが伝えるものは即時的ではあっても、非常に限られた物語しか伝えないという点で、世界の歴史には少しも貢献していないと言った。彼言うところの「即時的」とはどういう意味なのか。

今日、テレビは消費のための文化産業になっている。それは際立って競争度の高い産業である。テレビ・カメラマンは常に費用対効果を念頭において仕事をする。その結果、カメラレンズの前にあることは大写しされ、背後にある重要性は縮小されてしまう。「即時的」とはカメラレンズの前にあることは映しだすが、その背後にある問題は映しだすことができないという意味である。真に戦争を理解するには映しだされている映像の前後の脈絡を知ることが重要だが、テレビは文脈化されていない物語を作ってしまうことで危険なメディアである。それは比喩的に言えば「傷のある顕微鏡」だということである。

最初のプロパガンダ戦争

湾岸戦争はそうしたメディア特性をもつテレビを利用した最初のプロパガンダ戦争であったと言われた。A・プラトカニスとE・アロンソンの共著『プロパガンダ』(社会行動研究会訳、誠信書房、一九九八年)によれば、ブッシュ大統領は開戦に先立つ二カ月前の湾岸危機のなかで次のような演説を行ったという。

「現在、毎日のようにサダム・フセインの軍隊によって行われた、ぞっとするような暴挙がクウェートから伝えられてくる……。それは国家の魂に対する組織的な攻撃であり、正式な手続きを経ない処刑であり、日常的に行われる拷問である。……新生児は保育器から投げだされ、透析を受けている患者は医療機器から引き離された。……まさにヒトラーの再来である」

彼は長引くかも知れない戦争に市民を動員し、多くのアメリカの若者を危険にさらすことについて国民の賛成を得なければならなかったが、それは成功した。参戦への気運は高まり、彼の人気も高揚した。戦争中、ブッシュの支持率は九〇％に上ったというが、それはこの演説の線でその後の戦争物語がテレビによって作られていったからである。そして、その物語はプロパガンダとして利用された。

『戦争とメディア――湾岸戦争におけるプロパガンダと説得』（マンチェスター大学、一九九二年）を書いたフィリップ・テーラーが指摘するように、プロパガンダではメディアとメッセージは一体となる。その典型的事例を彼は湾岸戦争時、アメリカ軍によって採用されたプール取材システムのなかに見た。この取材システムの背後にあった哲学は「メディアとメッセージの一体化」であった、と彼は言う。

テーラーによれば、湾岸戦争は政治的、経済的、外交的、軍事的側面をもった複合戦争であったということである。そういう戦争で軍関係者にもっとも人気があったのはテレビであった。彼らは前述したテレビ特性をふまえて、テレビは「嘘」、またはせいぜい半分の「真実」しか伝えないメディアだと捉えた。

そういうメディアでもっとも威力のあるプロパガンダは説得コミュニケーションのスタイルをとる。「説得コミュニケーション」とは価値中立を装いながら、特定の目的のために受け手を誘導するコミュニケーションのことをいう。そこではリポーターは戦闘の合間に配備される兵器の一部とみなされるが、その背後には次のようなプロパガンダの哲学があった。

「戦争の前線では情報は敵に知らせないことで敵の戦意をなくし、国内では情報は国民の戦意を高揚させ、戦争の背後の世論を結集し、異議を唱えるものを抑え、勝利のために必要とされる犠牲に対して人々を冷酷にさせるために用いられる」(フィリップ・ナイトリー)

言うまでもなく、「プロパガンダ」という言葉は一六二二年に始まるカトリックにおける体系的な教義の伝播活動に端を発する用語であった。それは歴史のなかではかなりダーティーな印象を与えてきた。たとえば、独裁政治を行ったヒトラーやスターリンのプロパガンダの実体を検討すれば明らかだ。あるいは軍国主義にどっぷり浸かった日本の支配者などは権力正当化のための組織活動を行うことによって、自分たちの〈意図〉を人々に強制した。そのために、現代の民主主義国家ではプロパガンダという言葉は好まれない。

そのかわり、「教育」という言葉が使用される。しかし、「教育」と「プロパガンダ」は異なる。「教育」とは「いかに考えるかを教えること」、「プロパガンダ」とは「何を考えるかを教えること」である。このように理解すると、イギリスの公共放送BBC(国営放送)の創立者ライス卿の「ニュースはプロパガンダの突撃専用部隊(shock troops)だ」という言葉が戦争報道においては現実味を帯びる。ニュースはそれ自体、プロパガンダであり、プロパガンダでもっとも効果的な方法は事件や事象を「ニュース」として流すことである。

長年、「メディアと戦争」というテーマで発言しつづけたイギリスの戦争報道史家、フィリップ・ナイトリーは湾岸戦争のとき、学生たちから「ニュースとプロパガンダはどこで区別したらいいか」と問われたという(テーラー、前掲書)。彼は「それはできない。なぜならば良いプロパガンダはあまりにも巧妙だからだ。ただ唯一、プロパガンダから身を守る方法は懐疑心をもって戦争のすべてのニュースを読むことだ。そして人間の問題として、一方の側だけが正しいと思わないことだ」と言った。彼の脳裏にはかつて、ギリシャの哲学者エピュクロスが言い、第一次大戦時、アメリカの上院議員ハイラム・ジョンソンが述べた「戦争が起これば最初の犠牲者は真実だ」という言葉が去来していたのであろう。

湾岸戦争終了後、「この戦争はテレビゲーム戦争だった」といわれた。その理由は「われわれは勝っている。そしてわれわれは勝ちつづける」というシナリオで「砂漠の嵐」作戦が最高の情報技術を駆使して既述した問題を内包しながら展開されていったところにあったが、それだけではない。メディア・コントロールも含めて、戦争中、生起した軍とメディアの緊張関係をめぐる諸問題、たとえばニュース取材や編集の問題が、冷戦構造崩壊後の世界政治のなかで、戦争報道の実態を検証する世界的議論を巻き起こしたのである。それを契機として、この戦争に「テレビゲーム」という評価が与えられていったのである。

2　メディア・コントロールと戦争周辺国の苦悩

ところで、湾岸戦争でのプロパガンダの典型的事例に、ペルシャ湾に浮かぶオイルまみれの水鳥の映像があった。サダム・フセインは水鳥にまで石油をかけたという、あの映像が全世界を駆けめぐったのは戦争勃発後まもないころだった。

イギリス国防省の「情報ガイドライン」

戦争開始以来、アメリカやイギリスそして、日本ではフセインへのさまざまなレッテル貼りが試みられた。「精神異常者」「野蛮人」「犯罪者」などであるが、この油まみれの水鳥の映像は彼にもうひとつ、「環境保護に挑戦するテロリスト」という評価を与えた。

イギリスでこの映像がまったくの「嘘」情報であったと判明するのは放映されて三日後であった。前出のフィリップ・ナイトリーはこの国のオピニオン誌『ニュー・ステーツマン・ソサイエティ』(一九九一年二月八日号)に寄稿して、「戦争には偽情報はつきものである。問題のひとつは誰が環境破壊主義者としてのフセイン像を作りあげるために油をかぶせて死につつある水鳥の写真を発表する陰謀を企んだかにあるが、もうひとつは、アメリカ政府とメディアが一体となってこうした宣伝を行ったということである」と書いた。

彼は、プロパガンダの目的の一つは国家に戦闘意欲をもたせること、もうひとつは政府の政策を拒否することなく、むしろ政府を支持するように市民の意識を変えていくことだと言ったが、そのためにはさまざまなメディア操作がなされなければならない。

たとえば、イギリスでは湾岸危機発生以来、国防省と放送関係者で、戦争報道のあり方が隔週ペースで協議された。一九九一年一月四日には英国軍と国防省幹部が会合して、メディアをいかに戦争に組み入れていくかが検討された。そして、一月一一日、国防省による「メディアの基本原則」が作成され、それは一月一四日に「国防省情報ガイドライン」の名で、全国のマスメディア機関に通達された。あけて、一五日には公共放送ＢＢＣが「湾岸報道における放送基準」を発表するなど、この国では戦争勃発に先立つ二日前に戦時報道体制が確立された。

その個々の内容を紹介すると、一月一一日国防省作成の「メディアの基本原則」は㈠規制される取材・報道の対象地域をアラビア海沿岸とし、㈡取材に軍のエスコートが必要なことを明示し、㈢軍事作戦上、次の一六項目に及ぶ報道規制を列挙した。

①軍隊の数　②航空機・艦船の数　③大砲・戦車・軍用車・レーダー・給水施設の数　④軍事施設および英国軍部隊・多国籍軍の名称　⑤現在から将来の軍事作戦上の情報　⑥軍事施設・部隊の名称がわかる写真　⑦軍事施設に関する安全予知の情報　⑧軍事施設の安全性を暴露する写真　⑨軍事作戦上のルール　⑩軍事戦略上の特殊技術情報　⑪敵側軍事

施設に関する情報　⑫軍事標的を含む諜報収集活動の情報　⑬通常の作戦についての技術上の情報　⑭延期ないしは中止された軍事作戦上の情報　⑮戦略上、安全確保のために設置された施設に関する情報　⑯艦船の出入りに関する情報

この「基本原則」には、戦争被害の報道規制として次の五項目が指定された。

①攻撃された軍艦・軍用機の被害状況　②特殊軍部隊および戦闘編隊によって加えられた被害の程度　③公式発表以前の被害者名ないしは戦闘被害にあった部隊、地域の名称　④公式発表以前の戦争被害の状況写真　⑤軍事的損失の程度とその性格

一月一四日に各メディア機関に送達された「国防省情報ガイドライン」は以上の事項に加えて新たにジャーナリストが湾岸地域で取材に当たるときには常に軍事的配慮を念頭に置き、国防省および湾岸地域に駐在の同省職員の事前の了解を得ることを明言した。それは事実上の検閲体制実施の宣言であったといえる。また、「基本原則」には明示されていなかったが、全国ジャーナリスト組合(NUJ)が入手した資料によると、「英国軍および多国籍軍が行う敵に関する情報収集活動、とくにその活動が成功したか否かについては明らかにしてはならない」ことが各報道機関に伝達された。その内容は以下のとおりだった。

①イラク動向に関する英国内外の情報収集活動　②敵の地上作戦　③敵の空爆の詳細　④敵の被害状況　⑤捕虜の身元確認、捕まえた場所、彼らの動向に関する情報および英国内

外で勾留されたイラク人の消息　⑥イラク軍の英国軍、多国籍軍への攻撃方法への推測

BBCの「放送基準」はこうした軍当局による一連の規制をふまえ「戦争報道で留意すべき事項」として発表された。その目的としてBBC副会長(当時)ジョン・バードは次の三点をあげた(*ARIEL*, January 15, 1991)。

一、イラク側を利することがないように
二、死傷した兵士の家族や彼らの近親者の感情を逆なでしないように
三、BBCの報道スタッフが、BBC当局から支持されることを保障するように

それではこれらを満たす放送とはどんな内容のものであったろうか。「放送基準」は「われわれは十分な理由がある限り国防省、軍関係者が要求する間は情報を自粛する用意がある」と述べ、(一)敵の作戦行動に変更をきたしたり、自国軍部隊の動向、規模、作戦上、危険を与えるような放送は行わない、(二)家族や近親者が明らかにするまでは死傷者の個人情報は公表しない、(三)戦争報道の是非そのものについての議論は、戦地における論議ないしは編集者と国防省間の論議によってのみなされる、などと書いた。そして「留意すべき姿勢」と銘打っておよそ、次の九項目をあげた。

①個々の放送番組は戦争報道に関する多くの情報が軍事的理由から規制されていたり、またイラク内外のレポートも検閲を受けていることにふれて作られるべきである。

②情報の出所は明示すべきだ。
③敵側に有利に働かないために、退役軍人を含む専門家とのインタビューについてはテレビ、ラジオ、地域ニュース担当の各責任者と協議のうえでこれを行う。
④われわれの報道は信頼性の高いものであるとともに、重要度の濃いものに限られる。客観報道をするために「わが軍」という用語を使用せず、「英国軍」の語を使う。
⑤化学兵器、生物兵器の使用では使用の事実をまず確認する。使用の情報が単なる伝聞の域を脱しないならば、いたずらに人心を惑わす放送をすべきでない。
⑥死傷者の映像では当該者の名誉を傷つけたり、家族、友人の悲しみに対しても配慮すべきである。死傷者をクローズアップするような映像は放送しない。
⑦戦地の兵士たちへのインタビューについても最大限の配慮をすべきである。くだらない質問は時として不穏当な結果を招くし、また錯乱状態やショック状態にある兵士に立ち入った質問をすべきでない。
⑧死傷者の近親者へのインタビューにおいては、死別や悲嘆が戦争にはつきものであるという事実を隠すべきではない。
⑨反戦の動向を報道することは重要だが、しかし、英国内の動きや軍事的葛藤を考慮して扱うべきである。また、その報道では反対の規模、広がりを測定しなければならないし、

それらの程度に応じて報道するかどうかを決定すべきである。

このBBCの「放送基準」はBBC職員への指針という意味のほかに戦争報道が検閲されていることを視聴者に知らせるために作られた。バードは「視聴者は敏感であり、彼らは国家の安全を考慮した正確かつ価値ある情報をわれわれに期待している」(前掲誌 *ARIEL*)と強調したが、結果として「それはゴール近くの席で書かれたフットボールの試合報道のようなものだった」(テーラー、前掲書)とBBCの外交問題エディター、ジョン・シンプソンが慨嘆するような報道になってしまった。それは前述した「国防省情報ガイドライン」があったからである。同ガイドラインは「戦争が発生した場合、湾岸派遣の英国軍と多国籍軍の作戦行動、ならびに将兵の生命を危険にさらす報道がなされるので、このような原則を設定した」と書く。

プール取材とジャーナリスト抑圧

ここで明示される多国籍軍の主導権はもちろん、アメリカ軍にあった。ペンタゴンは一九九一年一月七日、「プール取材」(代表取材)と称する取材システムを採用した。そして、①軍当局者とのインタビューは即興であってはならない、②ジャーナリストは軍隊の規模、位置、軍用機、その他の武器類の種類、位置、作戦の延期、中止などを公表してはならない、③もがき、苦しむ、あるいはショック状態にある兵士の撮影、記録の禁止、④判別可能な負傷者、死者の撮影の禁止、⑤宗教儀式の取材の厳禁、などの措置を講じた。

ロンドンに本拠をおく国際人権団体「アーティクル19」は二月一五日、『湾岸戦争と検閲』を発表した。同資料によると、ペンタゴンは米国防総省に登録された記者だけに戦争報道に当たらせるという方針をとった(代表取材)。しかも、戦場で移動する際には軍のエスコートが必要とされたし、取材した内容に機密性があるかどうかは軍が決定したから、当然のことながら軍が独断的に戦争物語を作りあげていくことになる。

それはジャーナリストにとっては実に厄介な問題であった。たとえば、現地のジャーナリストには軍のユニフォームの着用が義務づけられた。また、一週間以上、ホテルに留め置かれることもあった。独自に取材しようものなら勾留され、以後の取材は不許可となった。情報はすべて軍当局者の手中にあったから、戦争ドラマは軍のシナリオどおりに展開されたが、一方でこのような取材システムは、前線にいる兵士にもはかりしれない影響を与えた。軍関係のラジオを聴く彼らにも戦争の実態が伝わらなかった。

プール取材は、ジャーナリストに軍に好意的でない報道を思いとどまらせ、戦争ニュースを管理するための先例のない取材システムであった。「われわれは戦争を報道するために戦場に来たのであって、アメリカ軍と一体になるためではない」という不満がジャーナリストたちから出たが(テーラー、前掲書)、こうしたプール取材はフランスにも導入された。フランスでは一月一〇日、国防省とメディア双方が戦争報道で合意する。その合意事項では戦争報道従事者は軍の情報ガイドライン(略称SIRPA)を遵守すること、彼らには軍の安全確保を最優先するという条件つきの報道の自由が与えられることが明記され、そのためのサインが求められた。

具体的には、以下のことが戦争報道従事者に課せられた。自分の居場所を常に明らかにしておくこと。テレビカメラの使用ではエスコート士官の許可が必要。そのうえで、軍事施設、各部隊の配置、特殊部隊、諜報機関の活動、将来の作戦計画、中止となった軍事行動、軍の被害状況、国別の捕虜の数などは伝えてはならない。また、死傷者が識別できる写真、軍隊の名称が判別できる写真、設備保全のための写真撮影の禁止。

開戦日の一月一七日にはすべてのテレビ局とラジオ局の責任者と政府の放送監督機関との間で、①フランス国内でテロリストが暗躍しないよう、②移民コミュニティからの凶暴な反発がないように、③公共の安全を第一義的に考える放送活動を行う、などの覚書が取り交わされた。この国にはサウジアラビア出身の一〇〇名の戦争報道従事者がいたからである。そして、もしもこれらに違反した場合には代表取材からはずされる。

事実、フランスでは一月二三日には単独行動をとったラ・サンクの放送記者が本国に強制送還された。これとは別に二紙の記者が公共の秩序を乱したとして軍当局から警告を受けた。二月九日にはテレビ局FR3の取材陣が無許可でサウジアラビアとクウェート両国の国境付近で取材に当たったということで、アメリカ軍に逮捕された。この事件ではFR3の記者のアメリカ軍兵士への即興インタビューが問題視された。

アメリカでも同様な事件が多発していた。主だったところではニューヨーク・タイムスが二回、ワシントン・ポスト、ロサンゼルス・タイムス、AP通信が各一回ずつ、トラブルに遭遇した。ロサンゼルス・タイムスのケースでは、ある記者が五〇台の米軍用車がなぜ行方不明になったのか、その理由を問うたことが軍の機密に属する質問だという理由で代表取材から追放された。テレビでは、九〇年八月からサウジアラビアで取材活動していたCNNの女性記者が追放された。彼女の場合はアメリカ軍の命令に従わず、同地に留まったことが追放の理由になった。

こうしたジャーナリストの被害はこれら二カ国に限定されなかった。前出の「アーティクル19」の調査によれば、アルジェリアでは同国の反戦活動を取材したすべての外国人記者への国外退去措置が一月一九日にとられた。エジプトでは同二五日、週刊誌の副編集長が反戦のチラシを発行したという理由で逮捕された。また二月七日、三人のジャーナリストがエジプト駐留のアメリカ軍の動静を報じたとして五年半の投獄、一〇〇エジプト・ポンドの罰金刑を受けた。イスラエル政府はパレスチナ人作家に対して、イラクに情報を流したとして三カ月の懲役刑を科した。また、CNN、NBCの記者に対してイラクが同国へのミサイル攻撃の準備をしていることの詳細を報じてはならないと警告した。

ヨルダンではフランス人記者への投石事件が発生(一月一七日)。また、同国ではイタリアのテレビ・クルーがパレスチナ人によって拉致される事件も起こった(同一九日)。モロッコでは反戦報道をしたとして、フランス人記者に取材活動停止が指示された。サウジアラビアではアラファト議長やPLO関連の記事が検閲の対象になった。チュニジアではフランスのテレビ局TF1の取材陣がイラクに同調するチュニジア人の見解を曲げて報道したとして、国外退去の処分を受けた。トルコでも同様なトラブルが多発した。

抑圧に対する戦い

日本ではまったく報じられなかったが、こうした事態を重視した国際ジャーナリスト連盟(IFJ)は一月二八日、次のような声明を発した。

「われわれジャーナリストは国内の政治指導者の意向に同調させられるように抑圧を受けている。……この抑圧に対する戦いは、われわれのプロフェッショナリズムへのテストである。政治指導者の要求に合致するように真実を脚色することはジャーナリストとして、われわれの拠って立つところではない。……ジャーナリストたるものは国家の安全と称する偽りのアッピールやセンセーショナリズム、メディア操作の危険性に対して警戒をおこたってはならない。とりわけ自主規制に対しては細心の注意を払っていかなければならない」

同じ日、IFNP(国際新聞発行者連盟)、IPI(国際新聞編集者協会)、WPFC(世界プレスの自由委員会)も共同声明を発表して、「われわれは湾岸戦争に関するあらゆる局面で、ジャーナリストの権利を尊重するように各国関係機関に要求する。……個々のジャーナリストは戦争報道で最大限の自由裁量権をもつべきである。このことはジャーナリストが情報の自由な流れに世界史的視野でかかわることを意味し、また、いかなる情報源にも十分アクセスすることが認められることを意味する」と訴えた。

前出の「アーティクル19」も二月四日、既述した「国防省情報ガイドライン」を出したイギリス政府、とりわけ内務省に対して「われわれは湾岸戦争に関する個人的見解がどうであれ、われわれ市民の権利が戦時下にあって脅威にさらされている事実に深い関心を寄せている」と言って、以下の点に関する公開質問状を提出した。①国家の安全という理由で勾留される人々の公正な裁判の実施、②英国内居住のイラク国籍の市民の権利、とくにイラク人の再入国許可について、③英国内のマイノリティ居住区の人々の恐怖と貧困からの自由の保障、④検閲を受けない情報の入手。このうち④の事項については次の理由が述べられた。

「われわれは真実が今回の戦争で最初の犠牲者になっていることを憂慮する。国防省の情報ガイドラインは国家による検閲以外の何者でもない。……このガイドラインでは、戦争被害の実情や軍事的特質を報道することが禁じられている。もしも戦争報道に内務大臣が責任を負うというならば、われわれは戦争についての幅広い意見が尊重され、いかなる情報も抑圧を受けないことをあなたがたが保障することを要求する。表現の自由を行使する権利は、人々が良心的に生きる権利と同一価値のものである。われわれは政府にすでに確立したこうした権利を尊重し、またそれを認めるように求めていく」

こうした一連の事実関係から浮かび上がるのは「プール取材」という名の検閲体制と自主規制措置で具体化された情報コントロールの実体である。情報コントロールはメディア管理と世論操作を目的にしたものであり、軍の行動上の便宜を図ることと、戦争そのものの正当性を訴えんがために行われたのである。

軍の行動上の便宜を図るということで採用されたシンボルは「国家の安全」「国益」であった。戦争の正当化では「正義の戦争」というキャッチフレーズが飛来した。

その場合の「正義」とは戦争遂行のためのたんなる政治目標にすぎない。戦争の正当化の名のもとでの諸々の価値は政治的便宜と功利的計算にもとづくその場限りの取引用語という性格をもつが、そうしたシンボル、キャッチフレーズは近代戦争で為政者が戦争行為の有効性を高めるために好んで使用したものだった。これら古びた用語をちりばめ、最新の情報技術を駆使して反復された莫大な量の情報が人々を圧倒したのが、湾岸戦争報道の特徴であった。

3 日本の戦争報道の形式と内容

ロジェ・カイヨワの作品に「戦争のめまい」がある。彼は「戦争は、人間を祭りのときと同じように熱狂へと誘っていく。戦争は今日の世界が生んだ《聖》である」(内藤莞爾訳『聖なるものの社会学』ちくま学芸文庫、二〇〇〇年)と説いたが、ただ、メディア時代の戦争が祭りになるには、テレビが「目に見える残忍性」(テーラー)に固執しないことが条件である。それはなぜなのか。

戦況報道と戦場報道

戦争では多くの人が死んでいく。ここまでは誰もが理解するが、残酷な高速道路の事故や電車事故を目撃したくないのと同様、戦争で人々がどのように死んでいくかのシーンを見たら、人は皆、取り乱してしまうであろう。

そのことは、ベトナム戦争の最中の一九六七年の『ニューズウィーク』の調査でアメリカで実証されていた。この事実はテレビが人を殺したり、家を破壊するようなシーンを映しださない限り、視聴者は反戦・非戦には向かわないことを示した。つまりは残酷なシーンを映しださない限り、テレビの映像は視聴者にとってハリウッドの戦争映画と同様だ。兵士たちは戦争映画に出演しているエキストラにすぎない。そこでの戦闘シーンは架空の出来事として、人々の日頃の鬱憤晴らしに役立つ現実逃避の世界になる。そういう戦争報道は「戦況」報道になっても「戦場」報道にはならないのである。

言うまでもなく、戦争報道には戦況報道と戦場報道の二つがある。素朴に表現すれば、ミサイルが標的めがけて飛び交うピンポイント爆撃の映像は戦況報道。人々がもがき、苦しみ、傷つき、死んでいくシーンは戦場報道である。前者で登場するのはカッコいい兵士であり、軍の高官たち、そして戦況を解説する軍事評論家である。わけても軍事評論家の台頭は科学技術に対する異常な好奇心、崇拝心を視聴者に起こさせる一方、反戦、非戦の声をかき消してしまうのに役立つ。

言ってみれば戦況報道からは戦争に対する態度はどうあるべきか、戦争をどう報道すべきかの疑問は起こらない。むしろ、戦闘場面をいかに〝魅惑的〟かつ〝情熱的〟に報じるかに関心を奪われて、人間が生きていくための基本的なモラルや倫理の声は圧殺される。かりに疑いをもとうものならば、安っぽい平和主義者として一笑に付される。侵略や戦争そのものについての議論は生まれにくいのである。

日本のテレビの湾岸報道

湾岸危機から湾岸戦争にいたる道筋での日本の戦争報道は、とくにテレビにおいて、こういう戦争報道のメカニズムに立脚したアメリカの戦況報道のコピーであったといえる。開戦から一週間で、ＮＨＫは九九時間八分、テレビ朝日は四三時間一三分、NTVは三七時間一五分、TBSは二五時間、フジテレビは二三時間三七分を戦争報道に費やした。しかも、各局ともアメリカのテレビ局と契約し、リアルタイムの放送を競ったが、そこではアメリカの戦争遂行イデオロギーが支配し、そうしたアメリカのイデオロギーを是とする日本政府の意向が強く反映された。

その結果はどういう事態を引き出したのだろうか。テレビ朝日の「ニュースステーション」は戦争勃発の一月一七日、全国一〇〇地点を選んで、緊急世論調査を実施し、アメリカを中心とする多国籍軍の戦闘行為を支援するかという問いを発した。結果は被調査者の五二%が反対。しかし、地上戦突入を前にしたNHKの世論調査では、六一%が地上戦開始支持の態度をとった。また、同じテレビ朝日の「ニュースステーション」は一月二四日と二月二八日の二度、湾岸戦争への日本政府の出費に関する緊急世論調査を行った。出費に賛成への比率が確実に増えたことが表1から読みとれる。NHKの同様な調査は二月二二日に実施され、日本政府の九〇億ドル拠出賛成が七〇%、自衛隊の湾岸派遣賛成が五六%となっていた。

ここでマクスウェル・E・マコームズとドナルド・L・ショーのマス・コミュニケーション研究の理論上の仮説、マスメディアの「議題設定」(アジェンダ・セッティング)機能(メディアが繰り返し強調した問題を受け手の側も重要だと受けとめること)を参考にしてこれらの数字を読みとると、戦況報道では作り手の戦争を見せたいという欲望に裏づけられた戦争推進のための思

表1　テレビ朝日「ニュースステーション」緊急世論調査

時点	質問内容	選択肢	比率
1／24実施	海部政権が多国籍軍への追加資金援助として90億ドル支出することに，賛成か，反対か	賛成	29.7%
		反対	37.2
		仕方ない	24.9
		答えない・わからない	8.2
2／28実施	日本は湾岸紛争についてすでに130億ドルの支出を決めています．今後さらに湾岸復興のために資金を出すべきだと思いますか	思う	62.8
		思わない	29.0
		答えない・わからない	8.2

〈資料〉門奈直樹「戦争・メディア・世論」(放送批評懇談会『放送批評』1991年6月号)

惑がこういう数字となって人々の意識のなかに根づいていった、と判断される。「議題設定」機能は送り手の意図によって特定の争点に人々を結集させる社会的合意システムの形成過程で発揮されるから、こういう世論調査の結果は湾岸戦争が正義の戦争である、というイメージ評価の相乗効果を生みだす要因も作りだしたと思われる。

開戦当時、フジテレビ「スーパータイム」のキャスターが「今回の戦争報道ほどメディアが入り込んだ戦争はなかった」と興奮してコメントしていたが、事実はまったくちがっていた。日本人の記者で戦場に残ったのは誰一人としていなかった。むしろ、問題は戦争の政治的、経済的、文化的性格に焦点を当て、戦争の恐怖の議論が深まらなかったテレビ報道のスタイルそのものにあったといえよう。

速報性や臨場感でテレビにくらべ不利な立場にある新聞は、この不利を逆手にとってテレビ・ジャーナリズムの弊害をただし、活字メディアに固有なジャーナリズム性を発揮して、自身の活路を見出すことが可能だった。しかし、開戦当初の新聞にはテレビの後追いが目立った。それは危機発生以来の湾岸報道に問題があったからだ。

日本の新聞報道の傾向

湾岸危機報道では日本の新聞はことのよってきたる所以を忘れ、うわべの報道だけに終始するジャーナリズム傾向を作りだした(拙稿「国益とジャーナリズム」『世界』一九九一年二月号)。ことに、国際平和協力法(PKO協力法)案の審議過程では「国際協調」「国際協力」「国際責務」が行間を満たし、やがてそれらの用語は「国際貢献」という政治シンボルに収斂《しゅうれん》されていった。その内容は一部の新聞では自衛隊の湾岸派遣こそ日本がなしうる唯一の国際社会への貢献だというような主張で示され、そこから「一国平和主義を脱せよ」「汗をかけ」などプロパガンダとしてのキャッチフレーズが生みだされた。

危機を解消し、戦争にいたらない方策をいかに考えるかという視点はこうしたキャッチフレーズからは生まれない。むしろ、〝平和ボケ〟という受け手の情緒的反応を鼓舞する、もう一つのシンボルに連動し、憲法の平和原則の形骸化の試みに発展する。こうしてステージは湾岸戦争報道の場面に切り替わったのだった。

開戦当初、多くの新聞は自衛隊の派遣に懸念を寄せた。しかし、それは自衛隊法を改正せず、政令でことを決することに疑問の根拠を置いた、いわば法の手続き論にとどまっていたのが特徴的であった。九〇億ドルの出費についても、カネやモノの貢献はすべきだが、さりとて、国民の税負担でまかなうのはいかがなものか、といった主張である。九〇億ドルを出さないことが戦争を防止する役割を果たす、という発想は出てこなかった。なかにはカネを出すことを強調するだけが国際貢献ではない、非武装の自衛隊を難民輸送に当たらせること、それも国際貢献だと強調する新聞もあった。

こうした傾向から〝危機〟や〝戦争〟の本質を読みとることは難しい。戦争被害に苦しむ民衆の姿は見えてこない。だからというわけではないが、戦争開始以来の世界での反戦と非戦の集会の動きもぼやけてしまう。たとえば、ルパート・マードックの経営する新聞『サン』の読者の八割以上が戦争を支持したイギリスでさえ、議会の承認を得ずに国民が戦争に巻き込まれることへの不満が出たという。ことにこの国では全国ジャーナリスト組合(NUJ)が中心となって、反戦運動が高まるとともに、前節で紹介した戦時報道規制に六〇〇の新聞社が異議を申し立てていった(『U・Kプレスガゼット』一九九一年二月四、一一日)。

英紙『ガーディアン』の主筆、ピーター・プレストンは、現在、ばたばたと人が死んでいるのだから、新聞の読者もそういう悲惨な歴史のなかに巻き込まれているのだという認識をもたなければならない、と書いた(二月一八日)。『タイムズ』はカイヨワの一節を引用して、「戦争を生々しく伝えることは確かに戦争のもつ妖しげな魅力や恐怖を増幅させるだろう。それだけに誇張のないよう、記事をチェックし、修正することは送り手の重要な責任だ。事実を隠すことは絶望を生む。今日、戦争のイメージはさまざまに議論され、地球上を駆けめぐっている。そうしたとき大事なことは情報を正確に伝えることであって、情報の量を少なくすることではない。嘘は真実を厳しく追求してのみ打倒される。沈黙によって嘘を見極めることはできない」と言った(二月一五日社説)。『インディペンデント』は「ジャーナリズムと愛国主義」の社説を掲載して、「愛国主義は時の政府の利益のために嘘、偽りを述べることではない。もしも新聞やテレビが政府の宣伝機関と化すならば、自身の独立性は失われ、民主主義社会に貢献するはずのメディアの価値は半減してしまう」と述べ、「戦争報道には(ジャーナリストの)勇気と正直さが求められる」と訴えた(二月二五日)。

日本の新聞にはこういう主張は見られなかった。その理由を歴史にさかのぼって検討すると、第二次大戦後における戦争と平和の言論の問題に突き当たる。たとえば、ベトナム戦争では、新聞は戦争の事実を報道することから出発し、その過程で次第に日本とのかかわりに気づいていかなければならなかった。そして北爆に触発されて、世界戦争の危機の認識にいたり、そこから日米安保体制の問題に取り組んでいくことが大事であったが、そういう言論動向はみられなかった。むしろ、当時のアメリカ大使であるライシャワーなど、多くの圧力によってそうした姿勢は挫折する(小和田次郎・大沢真一郎『総括安保報道』現代ジャーナリズム出版会、一九七〇年)。

なかんずく、平和の言論の象徴と位置づけられる八月一五日社説を一瞥《いちべつ》すれば、ベトナム戦争をはさんだ前後一〇年間の三大全国紙『朝日』『毎日』『読売』の社説三〇本のうち、〝戦争〟〝平和〟の用語が見当たらない社説が九本もあった。しかもこの間の社説で特徴的なことは敗戦後の荒廃から立ち上がって、今日の経済繁栄を迎えたことに対する自己満足的な回顧が目立ち、人の痛みや苦しみに思いをいたす言論傾向になっていなかったということである。激動の世界にあって日本のジャーナリズムが戦争防止、平和志向への具体的、現実的プログラムを持ち合わせていなかったことが、この時期のこうしたジャーナリズム傾向を生みだしていたのであった、と推察される。

『読売』の投書欄の分析

日本の湾岸戦争報道における平和の言論も、こうした過去のジャーナリズム性向の延長線上にあったといっていい。戦争の野蛮さ、無益さを見抜くとともに、アメリカとは別の立場で世界のなかの日本の平和的貢献のあり方を検討していくことがいかに困難なことかは、次の事例からもうかがわれる。表2は一月一八日から二月二八日までの間に掲載された『読売新聞』の湾岸関連の投書内容の分類一覧である。全部で八二本。このうち、内容が不鮮明であったのが三本あったので、とりあえず、七九本の投書内容について分析すると、湾岸戦争を「正義の戦争」と位置づけたものは四三本、「不正義の戦争」

表 2　『読売新聞』における湾岸戦争関連投書一覧(1991. 1. 18–2. 28)

「正義の戦争」としての位置づけ	43本	戦争支持	16本	多国籍軍支持	2本
				クウェートの主権の回復	1
				フセイン＝独裁者説	5
				イラク攻撃肯定	1
				イラク提案の平和事項拒否	1
				英・米兵士への共感	2
				アラブ諸国批判	1
				日本も参戦すべき	2
				反戦運動に疑問	1
		「国際貢献」推進	27	自衛隊の派遣を認めよ	7
				カネとヒトの貢献を	4
				社会党・野党批判	2
				90億ドル拠出に賛成	5
				湾岸復興に積極的に	2
				カネとモノの貢献を	4
				資源の節約で貢献を	2
				貢献に関するPR活動の推進	1
「不正義の戦争」としての位置づけ	20	戦争否定	16	戦争被害民のことを考えよ	2
				石油のために死ねるか	1
				戦争体験の披瀝	1
				平和の追求を	6
				非戦論・反戦論の展開	4
				戦争のおろかさを訴える	1
				地上戦突入に反対	1
		「国際貢献」に疑問	4	自衛隊派遣反対	3
				90億ドル拠出反対	1
その他	16	政府の外交姿勢を問う	5	平和外交の模索を	1
				孤立か協調か	1
				首相を激励	1
				一国平和主義批判	1
				貢献策を出さない政府批判	1
		湾岸報道のあり方への疑問	5	戦況報道に疑問	2
				ミリタリー・カルチャー批判	1
				検閲への疑問	2
		戦争無関心層への批判	3	戦争無関心層への批判	2
				危機意識のなさに怒り	1
		その他	3	対日批判に肩身が狭い	1
				自衛隊は同情に値する	1
				中東旅行のキャンセルに思う	1

〈資料〉門奈直樹「戦争・メディア・世論」(放送批評懇談会『放送批評』1991年6月号)

と位置づけた投書は二〇本であった。

ここで「正義の戦争」と位置づけた投書内容の趣旨を紹介しておくと、それはフセインの残虐性やアラブの偏狭なナショナリズムを非難することで、アメリカを中心とした多国籍軍支持を訴える一方、日本のなしうる貢献策がたとえば、自衛隊の湾岸派遣、九〇億ドル出費の妥当性、資源の節約などの問題で強調され、これらの問題に疑問を寄せる人たちへの批判で貫かれた内容になっていた。

「不正義の戦争」ないし、戦争そのものを否定する内容の投書では、過去の戦争体験が語られ、多国籍軍を実質的に指揮するアメリカ軍およびアメリカ政府の国益を優先させた戦争政策に危機意識を抱きながら、この国に加担することになる日本政府の国際貢献策、すなわち、自衛隊の湾岸派遣や戦費の一部肩代わりの問題に異を唱えながら日本の平和的貢献を模索する趣旨のものである。

前者の立場から戦争支持を主張した投書は四三本のうち一六本、政府の「国際貢献」策を容認するものは二七本あった。後者の視点での戦争否定の投書は一六本、「国際貢献」への疑問の投書は四本となっていた。さらに、「正義の戦争」と位置づけた投書で目立ったのは「自衛隊の派遣」を訴えたもの、「不正義の戦争」と位置づけたものでは、絶対平和主義の立場に立つ「平和の追求」であった。

一見、バランスをとった投書掲載であるように印象づけられる。だが、『読売』の場合、世論を一定方向に導く議題設定になっていたことがこうした投書欄の傾向で推察されるし、また、ことの是非はともかく、これらの投書を精細に解読して気づくことは、湾岸戦争が終わった後、日本のとった姿勢がどう評価されているか、その場しのぎの日本人にとってだけの国際貢献論議ではないのかという視座からの投書が皆無だったということであった。つまりは長期的展望で世界と日本の平和のあり方を論じる投書がなかったということである。

こうした、いってみれば「視野狭窄」の内容からは、過去の世界秩序がアラブ諸国の苦悩を生みだし、その苦悩を一挙に解決し、アラブの盟主になろうとしたのがフセインであったことや、アメリカが当時のソビエトの力の低下を契機にこの国の軍事力をヨーロッパから中東方面に転換し、そこから石油資源とイスラエルの二大権益を獲得しようとしていたことへの目配りは生まれない。そのことはまた、欧米のメディアで話題になった英米間の「特別な関係」の中身が、文化的様相を別にすれば、中東の石油利権の分け前にあったことへの批判や、紹介したようなメディア・コントロール、すなわち検閲体制への批判の投書が皆無だったというジャーナリズム傾向にも連動するのであった。

イギリスの新聞投書欄ではメディア管理を非難する投書が目立った。たとえば『インディペンデント』の一月一二日の投書欄には「戦時下におけるプレスの自由と責任」と題して、「ジャーナリストの自由というものは事実を正確に報道し、諸々の意見に影響を与えることで発揮されるものだ」という投書が掲載された。日本ではそういう投書は皆無だった。

国策の共犯者としてのメディア

既出のフィリップ・ナイトリーは「湾岸戦争のメディア・コントロールには三つの目的があった。一つは敵の情報を徹底的に否定すること、二つには戦争支持に世論を作り上げること、三つには戦争それ自身に市民を積極的に動員すること」と言った(『インデックス・オン・センサーシップ』一九九一年四・五月合併号)。こうしたメディア・コントロールが日本でもなされたという証拠はないが、ただ、言えるのは日本ではアメリカ政府や日本政府の論理で湾岸戦争の物語が作られたということであった。

フランスの哲学者ローランド・バーテスは「ジャーナリストの主な仕事は個々の事件、事象をピックアップして一つの物語を作り上げていくことにある」と言った。「物語は人間の行動の複雑さを取り除いてしまう。一方で何が重要で、何が重要でないかが作り手によって枠付けられる。時には人間の心の動きや考え方が、その人の暮らす生活世界の安全にとって危険なものであるかのように説明されていく。そうなるとジャーナリズムは一定の政治的役割を発揮していくことになる」と見て、彼は現代のジャーナリズムは支配と権力の関係で論じなければならないと強調した(ブライアン・マクネイア『ジャーナリズムの社会学』アーノルド出版、一九九八年)。

日本の湾岸戦争報道も彼のこうした見解にそくして説明できる。それは今日ではパワー・エリートが情報源であればあるほど、物語のニュース価値は高まることと関連する。

日本のメディアの主だった情報源は日本政府であり、アメリカ政府であった。その結果がイデオロギーの生産者として、エリート少数者の興味や関心を日本社会の従属的な多数者に対して押し付けるジャーナリズム傾向を作りだしてしまったのである。

湾岸戦争はテレビゲームの戦争であったと言われたが、そうした戦争の中身をメディア論の視点で検討していくと、紹介してきたような問題が浮かび上がったのである。

戦争報道を批判するのは簡単だが、大事なことは批判しながら行動し、意見発表する能力を育みながら、戦争報道の内容を分析していくとともに、戦争回避の方策を考えることである。そのためには戦争発生の原因を正しく認識し、認識した戦争についてそのメカニズムを分析し、戦争回避のための行動指針を作成し、実行し、評価しながら、なぜ戦争報道を問題にしなければならないのかという疑問に回帰していくことである。

メディアが戦争に異議を申し立てたイギリスはともかく、アメリカや同国に追随した日本のメディアは湾岸戦争では国家政策遂行の共犯者であったという、この事実から目をそむけるわけにはいかない。「ゲーム感覚の戦争報道」とは日本の場合、プロパガンダ戦争を企図した国家政策遂行の共犯者としてのメディアが陥った当然の報道態様であったといえる。

第2章
「人道主義的介入」の虚実
――コソボ戦争――

NATO軍の空爆を受けるセルビア国営放送ビルのアンテナ(ロイター＝共同)〔写真提供・共同通信社〕

1　戦時プロパガンダとメディアの関係

七〇日間余に及んだアメリカ主導のNATO軍のユーゴスラビアへの空爆は一九九九年六月一〇日、中止された。ミロシェビッチ・ユーゴスラビア大統領が米・欧・ロシアの和平案を受け入れ、戦争終結に向かったからだ。ニューヨークでは「アメリカ・NATOのユーゴにおける戦争犯罪を裁く国際法廷」が開催された。この国際犯罪法廷はラムゼイ・クラーク元司法長官を代表とする「国際行動センター」がアメリカとNATOにその犯罪行為の責任を取らせるための国際的な場を市民の手で作ろうと世界に呼びかけ、準備してきたものである。

当日の集会にはカナダの元外相ジェームズ・ビセットやアフリカ作家協会会長のチャールズ・パスカル・トルノ、イタリアの平和運動指導者ラニエロ・ラバエらが参加した。彼らは、アメリカ主導のNATO軍の戦争に反対してきた人たちである。

この集会では、①市民がターゲットになり、環境が破壊された、②国際法および国際条約違反、平和に対する犯罪、③かつてイラクやキューバ、ベトナム、朝鮮、プエルトリコに対して行ったのと同様のアメリカの犯罪、等々が糾弾されたが、なかでも「戦争プロパガンダとメディアの嘘」といった話題に多くの関心が寄せられた。アメリカやイギリスが自国の攻撃に対する支持を作るためにコントロールした国際的メディアを使い、ユーゴ軍やミロシェビッチ、そしてセルビア人すべてを大量殺人鬼に仕立て上げたからである。そのやり方は前章で紹介した湾岸戦争のときとまったく同じであった。

湾岸戦争ではアメリカやイギリスは戦時ガイドラインをつくって、さまざまなメディア・コントロールを行ったが、一方でサダム・フセインの残虐さを印象づけんがためにペルシャ湾に油まみれの水鳥を放って、フセイン＝ヒトラー説を展開し、同戦争を「正義の戦争」と位置づけた。そして多国籍軍を結集し、「砂漠の嵐」作戦を実行し、一〇万人強のイラク市民を爆殺するが、その実態はプール取材という名によるメディア操作によって、ほとんど知らされぬまま今日にいたっている。

すでに述べたように、第一次大戦勃発の折、アメリカの上院議員ハイラム・ジョンソンは古代ギリシャの哲学者エピュクロスの言葉を引用して「戦争が起これば最初の犠牲者は真実である」と言ったが、この言葉は湾岸戦争のときにもたびたび紹介されたし、また、これから紹介するコソボ戦争報道でも方々で引き合いに出された。たとえば、「戦争とメディア」というテーマで長年、発言をしてきたフィリップ・ナイトリーはコソボに暗雲が立ち込めていた九九年四月、この言葉を引用して「戦時にはすべての政府が嘘をつく。このことはどんなジャーナリストにも理解された真実である」と言ったが、それではどんな嘘がまかり通ったのだろうか。

本章では戦時プロパガンダの実態とメディアの関係を、戦争イメージの問題も含めて、もっと先まで考える「戦争ジャーナリズム」とは何かという問題に収斂させて検討していきたいと思う。というのも、これから紹介する欧米での議論を日本のジャーナリズム状況に重ね合わせたいと考えたことによる。

コソボ戦争時の日本の新聞論調は、たとえば『日本経済新聞』は戦争終結に先立つ四日前の六月五日の社説で「なお、調整が必要な課題は少なくないが、紛争収拾の展望が開けたことを、まず歓迎したい」と書いた。この線にそくして、同じ日の『毎日新聞』は「難民の人道支援として二億ドルの拠出を明らかにしている日本にとっても主要国首脳会議(ケルン・サミット)を控え、さらなる出番がくるはずだ」と強調する。『読売新聞』は「日本はG8の一員として和平案の円滑な実施を、資金とヒトの面で支援したい」と主張した。

紛争や戦争が発生するたびに、すぐにカネのことを話題にするのは「経済大国」日本のジャーナリズムに共通した姿勢である。湾岸戦争のときも「いまある金をどう分け与えるか」が議論され、そのうえで「アメリカの政策に協力していくことの正当性」が声高に言われたが、コソボ戦争でも同様であった。コソボ戦争時、成立した「ガイドライン関連法」が国際紛争に乗じた法律であったことは、湾岸戦争時の「国際平和協力法案」と似たところがあっただけに、他国での議論の紹介は、翻って日本の戦争報道はどうであったかの問題提起に連動していくと思われる。そういった問題意識で、アメリカとともにNATO軍の主力になったイギリスの動向を中心に述べていきたい。

2 攻撃の標的になったメディア

NATO軍によるメディア攻撃

一九九九年三月二四日から始まったNATO軍のユーゴ空爆は、六月一〇日、ユーゴ軍がコソボから撤退するのを確認して停止される。その前日の九日、ユーゴスラビア連邦セルビア共和国コソボ自治州からの撤退をめぐるユーゴ軍と北大西洋条約機構(NATO)の協議が終了し、両者の間で合意文書が取り交わされていた。

この空爆はユーゴ政府のアルバニア系住民への圧力を阻止するという理由で、人道主義の名のもとに行われたが、実際には無差別爆撃に近かったという。

空爆は三万五〇〇〇回以上。軍事基地三〇カ所とアドリア海に展開した軍艦は六隻。そこから発進した軍用機は一二〇〇機以上。使われたヘリコプターは二〇六機。投下された爆弾は七万九〇〇〇トン以上。その爆弾には劣化ウラン弾やクラスター爆弾などが含まれていた。

その結果、一七〇〇人以上が死亡。六〇〇〇人以上が重傷を負い、数十万人が毒性ガスにさらされた。七〇〇カ所以上の病院や学校、水道とガス、電気供給のネットワーク、道路、橋、鉄道、空港、文化施設、歴史記念物が破壊されたが、そのなかで、とくに注目されたのはメディアが初めて攻撃の対象になったということである。

たとえば一九九八年、コソボで最初のインターネット・ラジオ局として開局したアルバニア系ラジオ局「rtv21」は空爆開始直後に破壊された。五月三〇日には英紙『タイムズ』の女性記者二人が死亡する。その際、イギリス国防省は外務省と組んでコソボ戦争の背景をなす状況説明をインターネットで流しはじめ、どこまでも国際平和維持部隊の活動を正当化する動きを示したので、この国の市民たちの不安はかえって高まった。

六月五日には「爆撃中止、平和交渉要求のための反戦集会」がロンドン市内の二カ所で開かれた。また、空爆停止から一週間後の六月一六日、英紙『マンチェスター・イブニング・ニュース』とブライトンの地方紙『ピープル』が「コソボ戦争へのNATO介入に地方メディアは発言する」という集会をもった。同二五日にはロンドンにある国際人権団体「アーティクル19」が「セルビアにおける検閲立法の廃止」と題する集会を開く。この団体はこれに先立つ四月二三日にもNATO軍がベオグラードのセルビア系テレビ局を爆撃した際、NATO加盟の欧米首脳に抗議する集会を主催した。

それはこの爆撃がNATO軍による同戦争の最初のピンポイント戦となり、しかも、重要なのはメディアが公然と狙われたことによる。この集会に招かれた二人のユーゴスラビアのジャーナリストはそれぞれ次のように告発した(『インデックス・オン・センサーシップ』一九九九年五・六月合併号)。

「(戦争開始以来)NATOの爆弾の多くがテレビ局の送信所に落ちた。NATOはこれに満足せず、三日間連続でテレビ局やラジオ局に爆弾を落とした。そのほとんどは国営放送局ではなく、音楽、スポーツ、娯楽専門の局で、ニュース放送の局ではなかった。しかもそうした局で毎晩、局員が死んでいった。NATOはユーゴ政府にNATOの番組を毎日、六時間放送するように要求した。ユーゴ政府の回答は「欧米のテレビ局が私たちの番組を毎日六分間放送してくれるのであれば受け入れよう」というものであった。NATOはそれに爆弾とミサイルで応えた。これがアメリカとヨーロッパの民主主義なのだ」

「私はユーゴの地方紙記者である。ここに来る二日前、NATOは国営テレビやラジオ局に対して粗暴な攻撃をした。少なくとも一〇人の記者、カメラマン、編集者、技術者が殺された。二〇人以上が重傷を負い、二〇人以上が行方不明になっている。NATOが世界に知られたくない真実は、全部これらの局が最初に報道したものである」

「NATOはF117Aステルス戦闘機が撃ち落とされたことをベオグラードテレビが放映するまでは認めなかったし、セルビアテレビが映像で紹介するまではユーゴの都市住宅街を爆撃したことも認めなかった。また、F16戦闘機がアルバニア系避難民を爆撃し、七五人の子供と女性が殺されたということをセルビアのテレビ局が放送するまで認めなかった。さらにNATOはアルバニア系コソボ住民のリーダーが殺されたと報告したが、数日後、そのリーダーがセルビアテレビに出演したことで、この嘘がばれてしまった」

「真実はNATOの最大の敵だ。真実がNATOのもっとも危険な敵である。NATOは真実を好ましく思わず、爆弾でメディアを検閲しようとしている。それがNATOが真実とそれを語ろうとするジャーナリストを殺す理由となっているのだ」

これらの発言は集会でのものであるから、感情的表現もみられるが、問題はこうした事態がなぜ発生するのかということである。それは現代の戦争が情報戦争であるからであった。

〈情報戦争〉の時代

コソボ戦争の意味を説いたフランスの思想家、ポール・ヴィリリオの言葉を借りて言えば、〈情報戦争〉の時代では敵側情報の臨検という新たな手法が従来のように単なる送信妨害以上にはるかに重要となる。それによって敵国家とその国民との間のあらゆる情報通信が廃棄される。積極的プロパガンダだろうと、民間人の生存に不可欠な消極的情報だろうと、伝達されるメッセージの性格にかかわりなく、それらはすべて遮断されていかなければならない。ましてやミロシェビッチ体制は全体主義体制で、そこでのメディアもそうした体制下にあるから、メディアに対しては議論や対抗プロパガンダに代えて、爆弾を送り届ける以外に手段はない、という論理で攻撃がなされたと見るのが妥当である(河村一郎訳『幻滅への戦略——グローバル情報支配と警察化する戦争』青土社、二〇〇〇年)。

事実、NATOはしばしばユーゴ政府にコントロールされているメディアを欧米において享受されている自由と対比させて、「セルビアのメディアはミロシェビッチのミリタリー・マシーンの一部になっている」と強調したし、またブレア英首相もベオグラードのテレビ局が破壊されたとき、「(爆撃された)これらのテレビ局やラジオ局が独裁主義の装置、ミロシェビッチの権力の一部であるということに気づくことが重要だ。われわれNATOがこれらの標的にダメージを与え、攻撃することは完全に正当化される」と言って、「われわれは報道の自由、発言の自由は自明の理と考えているが、セルビアのメディアは完全に国家によってコントロールされている」と強調した(ジェフリー・グッドマン「あまりにも多くの真実」『ブリティッシュ・ジャーナリズム・レビュー』第一〇巻二号、一九九九年)。

ブレアはコソボ戦争は領土拡張を意識した戦争ではなく価値を意識した戦争だと考えた。世界は文明と野蛮に分割される。「野蛮」に対する「文明」という二項対立の図式で遂行される戦争では「文明」に挑戦するメディアは攻撃されて当然だと言ったが、この事実の意味は重い。

批判にさらされるメディア

『ニューヨーク・タイムス』のコラムニスト、フローラ・ルイスは「戦場では自分の見解はどうであれ、敵として自分を銃撃してくる人々のことを考えないわけにはいかない」と書いた（*Index on Censorship*）。メディアもジャーナリストも自分たちに降りかかるこうした「危険」を重く受け止めなければならないし、また、今日ではメディアは反戦・非戦を訴える人たちからも批判の対象になっていることにも目配りをしなければならない。

たとえば、イギリスではロンドン大アジア・アフリカ研究所（SOAS）や同政治経済学部（LSE）、ヨーク大、ケンブリッジ大、サセックス大などの集会で「ユーゴへのNATO空爆に抗議し、バルカンの平和回復のための学生委員会」が組織化されることが決議された。同委員会はコソボ戦争の影響下にあるすべての人々への人道的援助の必要性を強調し、イギリスやEU諸国がこの戦争から逃れようとしている人たちに避難所を提供していくべきことを求めるアピールを採択する。

そして西側のマスメディアがコソボ自治州のアルバニア系住民に対するミロシェビッチ・ユーゴ大統領の責任追及のみに焦点を当て、NATO空爆によって殺されていった人たちや、過去一〇年間におけるバルカン戦争での西側の果たしてきた役割、それにバルカンにおける反戦の動向に少しも目配りしていない事実に着目して、「たとえ、どんなに多くの真実が不愉快なものであっても、自分の目で見た真実を報道することがジャーナリストの使命ではないか」と、メディアのあり方に疑問を呈していった(グッドマン、前掲論文)。

とくにこれらの集会では「多くの新しいテクノロジーが誕生しているが、戦争報道ではあまり変わったことが起こっていない」ことがフローラ・ルイスなどによって次のように指摘された。

「九〇年代以降のコミュニケーション革命により、戦場からの情報はもはや隠匿されたり操作されることはなくなったと一般的には言われているが、実際にはそうではない。コソボのセルビア側では報道陣は完全にコントロールされていた。たしかに、外国人特派員のなかにはベオグラードに滞在することを許された人もいたが、彼らには武装した〝ボディーガード〟なしに国中を移動したり、コソボへ単独で行くことが禁じられた。ユーゴ政府はNATOの作戦に不利な影響を与えるであろうレポートや写真で得をすると判断したときには記者たちをすんで現場に招き入れた。NATO側で言えば、記者たちはコソボの境界を越えてやってきた難民たちに多くのインタビューをしていたが、さりとて、実際にどんな損害があり、誰がそれを与えているかは知ることができない。いくら新しい技術が開発されたからといって、すべてをフォローアップしたり、詳細を完全に掌握する機会がなければ、報道は必然的に軍当局のフィルターにかけられ、歪められるのだ」

戦争報道は変わったか

いうまでもなく、現代では衛星を使うことで、戦争報道の取材も変化してきた。そのひとつは速報性であり、今では戦闘やその被害をライブで見られるようになった。もう一つは伝達の仕方である。記者たちはいくら良いネタを取ったとしても、それをレポートとして送るまではスクープを取ったことにはならないことを執拗に教え込まれている。彼らが知っていることが問題ではなく、彼らが大衆に何を伝えるかが問題なのだ。

そのために、過去の戦争報道では強力な報道管制や検閲が行われたが、今日の民主主義社会では特派員たち自らが衛星回線を操作してテキストやフィルムを直接送信できるようになった。この変化はじつに大きい。

だが、変わらないものがある。戦争報道では土地勘とコネが必要。しっかりと根を張った取材が肝心だ。戦争は人々に多大な衝撃を与えていく。それだけに、記者自身のジャーナリズム感性が問われる。また、生命を危険に曝すような報道をしてはならない。

現代の戦争ではハードウェアだけが関心の的になるが、大事なことは戦争ジャーナリズムのあり方だと強調して、イギリスの全国ジャーナリスト組合(NUJ)はコソボ戦争時、同組合加入のすべてのジャーナリストに次のような警告を発した。

「ジャーナリストにとって戦争というテーマは大変重苦しいテーマだ。報道のあり方はいつも批判の対象になる。戦争報道では受け手は、客観報道を期待し、メディアにふりまわされな

い権利をもちたがっている。一方で政府もまたメディアを統制下に置きたいと考える」（ＮＵＪプレス・リリース）

こう警告してＮＵＪは戦争報道の正確さと戦時における自由な言論の発露のためのキャンペーンに着手した。それは具体的には個々の報道を監視し、その中身を検討していくことであった。しかし、その間にも報道機関の車列がＮＡＴＯの空爆に遭い、既述したように英紙『タイムズ』の女性記者二人が死亡したり、ドイツ人記者三人が現地の武装集団に襲われ、死亡するという事件が発生した。国際ジャーナリスト連盟（ＩＦＪ）はそのつどメディアが攻撃の対象にならないように抗議したが、戦争が終わって二カ月後に放映されたＢＢＣのドキュメンタリー番組「語られなかった話」によると、ＮＡＴＯ軍による拡大された標的のリストのなかには非軍事的目標地点としてメディアが含まれていたという（フィリップ・ハモンド「人道主義的戦争の報道――プロパガンダ・道徳主義・ＮＡＴＯのコソボ戦争」）。

のみならず、ＮＡＴＯはラジオ・タワーを用いて、ＶＯＡ（Voice of America）やＲＦＥ（Radio Free Europe）の放送を流しつづけた。これらの放送局は冷戦時代、かつては共産圏のプロパガンダに対して西側諸国の利益を誘導するための有効的なカウンター・プロパガンダとして活用された放送局だ。それがこの戦争で復活したのである。

さらにコソボではヨーロッパ安全協力機構（The Organization for Security and Cooperation in

Europe)が新しいテレビ・ラジオ局を設立し、NATO情報を流したが、これは可能な限り欧米メディアをユーゴスラビアに注ぎ込む一方、ユーゴからNATOに不都合なニュースが流出することを防ぐためであった。

ともあれ、このような脈絡で、戦場ではメディアも攻撃の対象になるということをコソボ戦争は見せつけた。戦争取材はジャーナリストにとって実に危険な仕事であるだけに、現代の戦争報道の実態を精細に分析する作業が急務となろう。

3 道徳主義のプロパガンダの論理

それでは、アメリカ主導のNATOのコソボ戦争、そこでの戦争報道はどんな内容・構造であったのだろうか。現代の戦争報道のメカニズムを考える手立てとして、イギリスでの議論をさらに紹介していきたい。

イギリスのメディア研究者フィリップ・ハモンドによれば、一九九九年、NATOがユーゴスラビアを空爆した際の米英の報道態様はニュース・マネージメント(メディアを操作しコントロールすること)とプロパガンダといった湾岸戦争以来の問題にあらためてわれわれを直面させたと言う。さらに、ハモンドは、これらはポスト冷戦時代の報道に特有な問題であり、その潮流には①メディアと軍の親密な関係、②敵を悪魔化すること、③「民族的」紛争の神秘化の問題が含まれると指摘した。そして、重要なことはこうした潮流に沿って欧米による軍事的介入が「人道的」なものとして正当化される論理が組み立てられたことだ、とつけ加えた（ハモンド「"人道主義的"戦争報道」『ジャーナリズム・スタディーズ』二〇〇〇年八月号）。したがって、ここで米英主導の軍事的介入を「人道的」なものと位置づけ、正当化させるためにメディアがどのように利用されたか、その意味を考えることは重要である。

メディアと軍の親密な関係

①について言及するには、メディアと軍の関係をより広い政治的コンテクストにおいて眺める必要がある。メディアと軍の親密な関係を強調したのは元BBCの記者、マーティン・ベルであった。彼によればジャーナリストの仕事はただ単に遠くの出来事についての客観的事実を伝えることではなく、世界の構造、仕組みについて、われわれ受け手に何がしかの議論の材料を提供していくことであるということだ。そのためにジャーナリズムはややもすれば、「正常」対「異常」、「暴力」対「穏健」といったカテゴリーのなかで日々の現象を伝えていきがちである。そういうジャーナリズムは社会を取り締まったり、反社会的行為者を排除したり、無視したりするのに役立つかもしれない。

コソボ戦争では「善」と「悪」、「文明」と「野蛮」、「民主主義」と「専制主義」という図式でミロシェビッチ体制が批判されたが、そうした批判の図式を立てる前触れとして、たとえば、ブレア首相は戦争突入には「消極的であった」、彼は戦争に「喜びを見出せない」というメッセージが挿入された。このメッセージの背後にはより人間的トーンをもつよう配慮された計算があったと言われる。

フィリップ・ナイトリーは「ベトナム戦争ではメディアは軍の言うことを信じなかったが、コソボ戦争では軍を信じる方向にあった。それは軍が〝善〟と〝悪〟、〝文明〟と〝野蛮〟、〝民主主義〟と〝専制主義〟といった政治家たちが作った対立構図のなかで、道徳的ポーズをとって行動していたからであった」と強調した。彼はクロアチア、ボスニアそしてヘルツェゴビナなど、最近の戦争報道の特徴は軍が軍でないかのように描かれることが多い点だと指摘した。その結果、欧米の兵士たちは強力な戦士としてというよりは平和維持軍、人道主義者、人道主義の支援者として人々に認識されるようになったと言う。

イギリスの大衆紙『サン』は難民キャンプで孤児になった乳幼児にミルクを与える英国軍兵士の写真を掲載したが、その写真には「俺がお前の母ちゃんになってやる」というキャプションがつけられたという。また、テレビでは難民の子供たちと遊んでいる兵士の映像でNATOの役割を説明することが多かった。戦争終了後、ある町で死体埋葬現場が発見されたときの報道では、悲しみにくれながらその現場を見つめる若い女性兵士の澄んだ瞳がクローズアップされるなど、NATO軍は崇高な道徳的基準を持ち合わせた軍隊として描かれたが、それは欧米軍の道徳的優位性を誇示する以外のなにものでもなかった。

湾岸戦争時と同様、コソボ戦争でもプール取材が採用されたから、ジャーナリズムの日々の活動はおのずからNATOの論理を踏襲する方向で発揮されていくことになった。それは結果としてメディアがNATOの立場を採用したことを意味した。ジャーナリストたちは政治家が作った「善」と「悪」という単純化された道徳的基準をそのまま受け入れてしまった。「善」と「悪」、「文明」と「野蛮」、「民主主義」と「専制主義」、それぞれの間には中間はなかった。どちらかを選択することによって彼らは欧米の軍隊の武器として行動していったのである。軍とメディアの親密な関係はこうしてできあがった。

この軍とメディアの親密な関係には、軍にとって都合の悪いニュースは排除されるということも含まれる。その典型は中国大使館爆撃事件であった。NATOは中国大使館近くの建物を狙ったと説明し、メディアもそれに同調した。だが大使館の周辺には狙われそうな建物はまったくなかった。中国大使館への爆撃は意図的であったということである。

「敵」の悪魔化

②についていえば、欧米やその軍事機関が世界の「善」のための力であれば、その敵は「悪」ということになる。もちろん、敵を悪魔化することは新しいことではない。〝戦争〟神話を構築していくもっとも手っ取り早い方法は敵のリーダーを悪魔化していくことであるからだ。それはただ単にプロパガンダの副産物というよりは近代戦争の

原理である、と見るのはロンドン・シティ大の教授、リチャード・キーブルであった。彼は現代の戦争は実際には巨大国にとって脅威ではないのに、その力が大げさに誇張されているような「ちっぽけな」国に対して欧米の絶大な軍事力を押し付ける戦争だと言った。そして現代の戦争は「深く亀裂の入った世界に統一性をもたせるためにアメリカとその同盟国のグローバル・パワーを見せつけるための戦争」であるとも強調した。

彼によればコソボの前例は湾岸戦争であった。湾岸戦争ではフセインを悪魔化していったが、コソボ戦争ではミロシェビッチもまた同様に描かれていった。それは一時期の日本のテレビが北朝鮮の金正日を語るのと同じような手法であった。曰く。「将軍様」「セルビアの虐殺者」「ベオグラードの虐殺者」「バルカンの虐殺者」「ヒトラー後、ヨーロッパに現れたもっとも邪悪な独裁者」「精神異常者」「セルビアの暴君」「哀れみのない男」「元共産主義過激派」など、彼に被せられたレッテルは多い。NATOのブリーフィング(報道機関に対する事前説明)ではいつもミロシェビッチはヒトラー、サダム・フセイン、ポル・ポトにたとえられた。くわえて「私生活においても恵まれていなかった」と紹介されたため、ジャーナリストたちもいつしか彼の精神分析が必要だという認識をもつようになった。欧米の新聞やテレビはこぞって彼を「感情的に無感覚であり、他者の痛みに鈍感な独裁者」というように描いていった(リチャード・キーブル「NATOのためのバルカンの誕生」)。

そういうジャーナリズム傾向は戦争の政治的、経済的、社会的ファクターから注意をそらし、決定的なプロパガンダの機能に役立っていく。しかも、危機を過度に個人的問題としてとらえていくことは一人の人物にすべての非難を押し付けるプロパガンダの基本的手法だが、ただ、湾岸報道と異なって、コソボ報道で重要なのはミロシェビッチだけでなく、セルビア人すべてを悪魔化したことであった。セルビア人＝野蛮人となったことである。

その結果、湾岸戦争は「正義の戦争」として描かれたが、コソボ戦争は「悪との戦いだ」と位置づけられた。英大衆紙『サン』は「ミロシェビッチのケダモノたちは人類の敵だ」「彼らは野犬のように撃ち殺されて当然だ」と書いた(一九九九年四月一四日)。進歩的オピニオン誌『ニュー・ステーツマン・ソサイエティ』でさえ「なぜ、これほど多くのセルビア人が嘘つきになって狂ってしまったのだろうか」と述べた(五月三一日号)。

ジャーナリストも政治家も「何でもできる邪悪な野蛮人」としてセルビア人を描いた。アメリカのメディアは「集合罪」という概念をもちだして、「民族」そのものを非難の対象にした。その際の具体例として出されたのがセルビア軍による集団レイプ事件であった。

証拠はないが、ボスニア戦争のときセルビア人によってレイプされたモスレム人女性は二万人とも五万人とも言われた。だからコソボ戦争でも同様な事件が発生しているであろうということを、メディアはＮＡＴＯの情報として伝えた。日頃、放送の公正・公平を主張するＢＢＣ

でさえ、「セルビア軍は組織的にコソボ女性をレイプしてきたし、今なおそうしつづけている。私たちには正確な数字はわからないが、同様なことが起こったボスニア戦争から判断すると、被害者は数千人に上るだろう」と言った(ハモンド、前掲論文)。これはセルビア人を悪魔化することによってメディアが「聖戦」に乗りだしたことを意味した。

「民族的」紛争の神秘化

こうした①、②の報道の延長線上で③の報道現象があった。すなわちコソボにおけるセルビア人とアルバニア人の間の紛争がどのように説明されていったかということである。そこでは概して、世界の野蛮な地域における隔世遺伝的な「部族的怨恨」の帰結として、コソボ戦争はさかのぼればセルビア人とアルバニア人との民族的対立に由来するものであった、という見方が披瀝される。たとえば、高級日曜紙『サンデー・テレグラフ』は「ここバルカンには虚飾の文明化された行動、表面上の繁栄がみられるが、その背後には怨恨がある」と書いた(一九九九年四月四日)。同紙のみならずこの国の新聞はコソボ戦争を「血で書かれた一〇〇〇年の歴史」(『タイムズ』)、「六〇〇年の導火線をもった時限爆弾」(『デーリー・メール』)と総括したという。総括の背後には「ミロシェビッチは民族アイデンティティ全体に対して戦争を遂行し、民族浄化、いってみればセルビアにいる間違った民族アイデンティティをもった人々を強制的に排斥することによって、ヨーロッパに新しいアパルトヘイトを再建しようとしているのだ」というコソボ戦争観があった。

日本のメディアでも、こうした欧米のメディアの影響を受けたのか、たとえば「先行きが見えない民族間の〝対立〟と〝憎悪〟」というようなコソボ戦争物語が作られていた（ＮＨＫ『放送文化』一九九九年一〇月号）。そこでは「セルビア系住民とアルバニア系住民との間には、いまだ〝対立〟と〝憎悪〟が渦巻き、その溝は深まるばかりだ」と強調された。『朝日』の「一からわかるバルカンの民族紛争」（二〇〇〇年六月一八日）も戦争発生の原因を過去にさかのぼって解説し、「多民族が隣り合って住むバルカン半島では、民族対立の火種は今も多く残る」と述録した。この記事のキーワードは「民族意識」「民族主義」「民族紛争」「民族対立」であった。

「道徳主義のプロパガンダ」

このようにコソボ戦争報道は「民族」性を記号化していったところに特徴があった。フィリップ・ハモンドは「こうした報道は欧米が道徳的に優越しているという共有された信念を反映している。ポスト冷戦時代にあっては欧米の軍隊は善のための力としてとらえられるようになり、倫理性を重んじるジャーナリストは厳しい措置をとるように政府に圧力をかけることを自分たちの役割と理解するようになった」と指摘した。それはブレア英首相の言う、世界は「文明」と「野蛮」に分割されるという認識と共通する思想であった。

もちろん、「野蛮」に対する「文明」という名で遂行される戦争には帝国主義のレトリックの響きがあるが、そういう響きを打ち消すためのプロパガンダとして「人道主義的介入」というシンボルが使われていった。このシンボルはコソボ戦争に合理的正当性を与えたから、そうしたプロパガンダは「道徳主義のプロパガンダ」といえよう。

「道徳主義のプロパガンダ」はNATOのコソボ戦争にとってきわめて重要だった。介入は「人道的大災害や大量虐殺を防ぐため」であるという議論は、国連安全保障理事会の承認なしに発動された主権国家に対する正当な理由のない攻撃の正当化を試みる際に、不可欠なものであった。もしもNATO指導者が道徳的意味を説き、それをメディアが増幅させなかったら、多数の市民が死亡したり、傷ついたり、難民となったNATOの空爆に対して多くの疑問が寄せられたであろう。非道徳的なことを倫理的勝利として印象づけるにはメディア・マネージメントだけでなく、ジャーナリストの協力、否、共謀も要求される。ブレア首相の片腕と形容されるイギリス内閣府の報道戦略担当局長アラスター・キャンベルは戦争終了後の記者会見で、次のように言った(CPBFプレス・リリース)。

「われわれはNATOが軍事的勝利をおさめるであろうと信じて疑わなかった。われわれが負けるとすれば、唯一人々をひきつけることができるかどうか、という点での闘いに敗れたときであった。もしもこの闘いに負けていたら、NATOは爆撃をやめ、戦争は負けただろう」

これは、人々の心をひきつけるためのあらゆる闘いにおいて政府を支持することの重要性をジャーナリストに説いたものであった。彼は第四章でも紹介するが、イギリス政府のメディア戦略の最高責任者として、現代の戦争ではメディアが戦争遂行にとって中心的役割を果たしていることを知っていた。それだけに、現代の戦争におけるメディアとジャーナリズムのあり方を考える示唆的発言としてイギリスでは注目された。

4　メディア・イベントとしての現代の戦争

メディア・イベントとしてのコソボ戦争

あらゆる混乱と不安、気味の悪い不愉快さ、恐怖、そしてわれわれ人類がなぜこうした無謀な戦いに巻き込まれねばならないのか、という点でコソボ戦争はベトナム戦争や湾岸戦争で言われた「戦争での最初の犠牲者は真実である」という言葉をふたたび浮上させた。

だが、実際問題として、戦争にはあまりにも多くの真実があるというのが現実だ。コソボ戦争ではNATOにとっての真実、ビル・クリントン(当時のアメリカ大統領)の真実、トニー・ブレアの真実、アルバニア系住民の真実、そしてセルビアにとっての真実など、この戦争をどのような角度からとらえるかによって、真実も異なる。

BBCの記者、ジョン・シンプソンは「もしも客観的な記者であろうとして、このような相互に矛盾しあうような声のなかに閉じ込められたとするならば、あなたは一つの絶対的真実という陳腐なレッテルをすぐに捨ててしまうだろう」と言って、ジャーナリストにとって大事なことは自分たちが常に操作の対象になっているということを自覚して、戦場で自分の目で見た真実を虚飾なく報道していくことである、と述べた。

また、ジェフリー・グッドマンは、ジャーナリストの役割は戦争を取り巻くあらゆる局面でメンタル(観念的)な決まり文句を避けて、戦争への実際の参加者として、自身もまた誤った判断に立っているかもしれないと煩悶しながら、自分の目で見てきた真実を「いい奴・悪い奴」式の報道に陥ることなく、確かめていくことであると強調した。国際問題のアナリスト、ゴードン・コーレラは「現代ではメディアは単なる情報の伝達機関にとどまらず、戦争への参加者となってしまった」と言った。こうしたそれぞれの発言に前出のリチャード・キーブルの言葉「現代の戦争はあらかじめ仕組まれたイベントという色彩が濃い」という戦争観を重ね合わせると、メディアがなぜ攻撃の標的になるか、その理由が明確になってくる。

そのキーブルは「人々が殺され、子供や兵士がトラウマに苦しみ、家屋や病院、テレビ局、タンクが破壊されたということでは湾岸戦争とコソボ戦争は共通していた」と言った。

キーブルは見る。湾岸戦争ではクウェートからイラク軍兵士を追い払うまでにはいたらなかったし、また、サウジアラビアを守り、石油の供給を保護したり、ましてやサダム・フセインを追放することもできなかった。それどころか、彼の政権はイラク戦争までより強固なかたちで続いた。あの戦争では巨大なイラクの防衛施設の映像が欧米のメディアにあふれ、一方的な勝利、大敗北と宣伝されたが、しかし、残酷な虐殺は英雄的なフィクションの下に葬り去られてしまったではないか、と。

一方でコソボ戦争でも空爆を支援し、地上戦を要求する政治家のレトリックと西側のメディア界の主張にもかかわらず、ユーゴの大統領ミロシェビッチは戦争終了後も依然として失脚しなかった。しかも、NATOの空爆は彼の地位を強固にし、アルバニア系コソボ住民を救うまでにはいたらなかった。NATOの空爆は彼ら住民の苦しみを増大させただけだった。欧米の政治家やメディアは人道主義を訴えたが、その実、NATOの空爆は作られた〝戦争〟での象徴的勝利として、NATO結成五〇周年を祝おうとした巨大な軍事産業の連合体のデモンストレーションにすぎなかった。

コソボ戦争報道への批判

湾岸戦争と同様、コソボ戦争も宣戦布告なき戦争であった。しかも、この戦争では欧米の政治家とメディアはおしなべて〝敵〟としてミロシェビッチやセルビア人を描いた。しかし、彼や彼らを〝悪魔化〟するやり方は非常に複雑な歴史のプロセスを単純化することに役立ち、バルカンのナショナリズムをあおったという西側の責任をご破算にし、また、虐殺に対するすべての責めをアメリカ主導の軍隊から逸らすことになってしまった。

中国大使館爆撃に典型的に象徴されるように、アメリカの「誤爆」後もメディアと政治家たちは急いですべての非難をミロシェビッチに向けた。セルビア政権はNATOの空爆に応えて、戦争の明確な行為としてアルバニア系コソボ住民の排除を強行した。しかし、難民キャンプからの映像とレポートの絶え間ない衝撃は〝悪〟〝権力者〟〝確かな敵〟としてのミロシェビッチ像を強化しつつ、前節で紹介したようなプロパガンダの特色を作りあげた。

ふたたび、キーブルの言葉を引用する。彼は「ユーゴ軍とNATOの合意文書がユーゴ議会で承認されたことで、今回の戦争もまた湾岸戦争のときと同様、アメリカ空軍のすばらしい勝利として政治家やメディアによって受け入れられた。それは単にハイテクの野蛮な現実を隠すレトリックになっていたにすぎない。同時にメディアは戦争における〝勝者〟と〝敗者〟を即座に分類したが、こういう単純化が今日の戦争ジャーナリズムを堕落させているのだ」と述録した(キーブル、前掲論文)。

ゴードン・コーレラは「コソボ戦争でもメディアは一日単位の話題に焦点を当てるような報道展開をしていった。軍事行動の意味やそれにともなって起こりうる結果を検討し、より広い見取り図を描くような報道は見られなかった。毎日の報道に追い立てられる一方、政治家の言動に気をとられすぎていた。いま大事なことは記者一人一人の判断力である。私たちの戦争への関与の仕方とその結果についてのより本質的な問題に対する真摯な分析である」と強調した

(コーレラ「電波戦争」)。

概してコソボ戦争報道での欧米のマスメディアへの批判は次の三点に向けられた。

① NATOのプロパガンダの一手段になり、反対者の声やNATO介入の法的正当性の欠如や戦争の道徳的複雑さについては語らなかった。

② NATO発信の情報に対する懐疑の態度が見られなかった。

③ 残虐行為を報道する唯一の方法は難民による感情的な表現をそのまま伝えることであった。そうした報道は救援組織作りや義捐金を募るには役立つが、戦争の本質を的確に報道するものにはならない。

インターネットと戦争報道

そうしたなかにあって特派員が行かないような地域から何千ものEメールが欧米各国に流れ込んだ。これはインターネットがコソボ戦争で新しい情報経路になったということで、過去の戦争では見られなかった現象である。残虐な行為やNATOの「誤爆」、難民キャンプの実態など生身の住民の生活ぶり、とくにベオグラードの市民の生活に関する情報がインターネットで瞬時に世界に流れた。なかには正確さにかける情報が一人歩きしたこともあったが、そういう情報も含めて、インターネットはそれまでの伝統的なメディア、たとえばBBCやCNNでは提供できなかった視点を多くの人たちに提示したことで画期的であった。受け手はインターネットから流れる生の情報に接していくことで、公式情報にたよらない戦争観を頭のなかで描くことになる。インターネット社会は将来の戦争報道のあり方を変えるであろうし、今後はインターネットも破壊されるべき対象になるだろう。

一例を紹介すれば、「インターネットと民主主義」を書いたリーズ大教授のスティーブン・ラックスによれば、ベオグラードのラジオ局B92はセルビア政府に反感をもったという理由で同政府から、放送活動を停止された。そのためB92はインターネット上で放送を開始した。その番組はウェブサイトを通して他国のジャーナリストや人権団体に届き、既存のメディアで広く報道された。共感をもった他のラジオ局もB92のインターネット上の番組を支持したが、危機意識をもったセルビア政府は結局、インターネット放送を行っていたB92のスタジオそのものを破壊したということである。

戦時には国家はメディアに対して戦争の一翼を強制的に担わしていく。今日の戦争はテクノロジーの戦争だ。テクノロジーの戦争にはメディアも含まれる。メディアは国家や軍事体制によってさまざまなかたちで利用され、そしてその結果、メディアは戦争への参加者、協力者としてプロパガンダの価値に影響を及ぼし、破壊されるべき存在となってしまった。そのことに気づかないとジャーナリストは常に戦争の〝敗者〟と位置づけられる。それがメディア論から見たコソボ戦争報道の構図であった。

日本のコソボ戦争報道

翻って日本の戦争報道を語る議論では、湾岸戦争でもコソボ戦争でもこうした見解は披瀝されなかった。のみならず、実際の報道現象では一九九九年度の日本マス・コミュニケーション学会の研究発表会で楠根重和が精細に分析したように、日本という国家のフレームがかかった報道があまりにも目立った。

彼はNATO軍の中国大使館「誤爆」事件報道をケース・スタディとして、この事件に関する米・英・ドイツ・中国の論調を紹介し、他方で『朝日新聞』の「国連を軸に停止へ動け」(一九九九年五月九日社説)、「〝人道的空爆〟の悲劇、国連軸の和平しかない」(同一〇日論説)、「NATO空爆、国際法上の根拠は〝?〟、米中のはざまで政府苦慮」(同一二日)、「危ういNATO〝人道論〟」(同一六日)、『読売新聞』の「冷静な行動を米中に求める」(同九日小渕談話)、「米中関係の悪化を懸念」(同一一日社説)、「露、存在感誇示の〝ご都合主義〟」(同一二日)、『毎日新聞』の「空爆停止を決断する時だ」(同九日社説)、「泥沼化の危険を直視せよ」(同一一日社説)などをとりあげて、日本の戦争報道はコソボ戦争では傍観者的立場に立つとともに日本という国家のフレームのなかでの報道に終始したと強調した。

それは前章でも指摘したように日本の戦争報道の主だった情報源が日本政府やアメリカ政府にあったことと無関係ではない。その結果がイデオロギーの生産者として、日本社会の従属的多数者に対するエリート少数者の興味や関心を押し付ける戦争ジャーナリズムを作りだしてしまったのである。

そうではなく、もっと先まで考える戦争ジャーナリズムを考えていくことが重要である。たとえば、『朝日』が報じた「ユーゴ空爆の基地、伊アビアノ。爆音の町、重なる「沖縄」」(一九九九年六月四日)というルポルタージュでは、コソボ戦争中に成立した「ガイドライン関連法」を視野に入れて、NATOの空爆後、町の人口を上回る兵士が集結し、爆音が響き渡るイタリアのアビアノという基地の町にのしかかった現実を、「周辺事態」が起きた場合の「沖縄」に重ね合わせて、戦争の実態に迫る手法が採用された。

戦争を遠くの出来事として傍観者的に報じるのではなく、私たちの身のまわりの事象に引きつけて報じる姿勢が今、求められる。本章冒頭に書いたように、「いまある金をどう分け与えるか」の議論では、もっと先まで考える戦争ジャーナリズムは生まれてこないのである。

第3章
グローバリズム時代の戦争報道
——9.11事件とアフガン戦争——

2001年11月3日，アル・ジャジーラが放映したオサマ・ビン・ラディン氏(ロイター＝共同)〔写真提供・共同通信社〕

1　英ＢＢＣ放送の新たなる挑戦

二〇世紀末に始まった近代の社会文化構造の地殻変動は、ポストモダンと形容されて久しい現代社会において、振動の幅をますます大きくしつつあるかに見える。その地殻変動のなかで人類社会が過去に築いた文明システムはもはや維持することができなくなってしまった。また、維持したいと望んだところで、そうした文明システムを支えてきた政治運営上の知恵が有効性を失いつつある現在、戦争報道はどうあるべきかという問題は「不朽の自由」作戦と名づけられたアフガニスタン戦争の実体を浮き彫りにする作業に連動するだろう。

本章では、二〇〇一年九月一一日に発生したニューヨークの世界貿易センターおよびワシントンのアメリカ国防総省への攻撃、ペンシルベニア州でのハイジャックにともなう旅客機墜落事件の結果として生じたアフガニスタン戦争報道をケース・スタディとしてグローバリズム時代におけるジャーナリズム再生の道筋を考えたい。まずは英ＢＢＣ放送作成のアフガン戦争報道指針の背後にあるジャーナリズム思想を検討する。

言うまでもないが、九・一一事件は世界中を震撼させた大事件であった。BBC放送は事件発生二日後の九月一三日夜、定時の時事討論番組である「クエッションタイム」を特別討論番組に切り替えて放送した。その番組には前駐英のアメリカ大使も参加した。

BBC特別討論番組の衝撃

討論内容は要約すれば、超大国アメリカの世界政策の失敗、アラブに対する偏見、それに同調する西側メディアの偏向問題に収斂された。そのために、放送終了直後から視聴者の苦情がBBCに殺到する。多くは、討論内容が反米的で、現在のアメリカ国民の感情を逆なでするものである、またイギリスがアメリカの精神的支えになって事態の解明に向かいだしているとき、その反対方向の結論になってしまい、討論に参加した前アメリカ大使に対しても失礼千万であったというものであった。

ブレア英首相は事件発生直後からこの事件を「この世界に新たに生まれた邪悪なもの」と表現し、「イギリスもテロリストとの事実上の戦争状態に入った」として、同事件へのアメリカの報復攻撃を全面的に支持する姿勢を示した。各種の世論調査でも「報復」戦争支持が七割を超えていたから、前述のような反応が出ることは当然予想された。

翌一四日、BBCは「討論の基調はいかなる残虐行為も許すべきものでないことにあったから、番組は公正なものであった」というコメントを発表する。ダイクBBC副会長(当時)も

「事件発生から数えてたった二日後の放送であっただけに時期的にはまずかったが、議論そのものは冷静かつ真剣であった」と言ったが、その一方で「もしも(討論に参加した)前大使を不愉快にさせたのであれば、お詫びをしなければならない」と表明したために(『オブザーバー』二〇〇一年九月二六日)、まず高級紙『インディペンデント』がこのダイク発言に反論した。同紙は「BBCはあの番組に誇りをもつべきだ。決して謝罪をしてはならない」(同一七日)と言い、また、BBC内部でも「検閲に屈するな」という意見が出たり(『デーリー・メール』同一九日)、全国ジャーナリスト組合(NUJ)を中心に組織化された「戦争に反対するメディア労働者の会」も反発するなど、同番組をめぐってこの国では、ふたたび「戦争とメディア」に関する議論が沸騰しだした。

アフガニスタン戦争に関する報道指針

その直後の九月一七日、BBCはもはやアメリカによる報復戦争は避けられないと判断して、A4判六枚綴りの文書で、「アフガニスタン戦争に関する報道指針」を発表した。指針の発表は戦争報道では情報源と受信者との間の距離が遠くなり、結果として情報を提供したり、それに対して反応する場合の道徳的感覚、個人の責任感が弱まるというBBC自身の危機意識によるものであった。その内容構成は以下の通りである。

①序論　②報道用語　③情報の出所　④情報の秘匿　⑤死傷者報道　⑥情報留保の承認

⑦航空乗務員へのインタビュー　⑧死傷者の表現方法　⑨専門家の貢献　⑩死と傷害の情景描写　⑪近親者に対するインタビュー　⑫捕虜の扱い　⑬反戦報道　⑭化学兵器、生物兵器の報道について　⑮二四時間体制の報道サービス

紙数の関係ですべてを詳細に紹介できないが、たとえば、「序論」では「軍事紛争では常に放送人の手腕が試される。ＢＢＣは国際放送局として特別な責任を負っている。視聴者は、公平な分析や反論を含む広範な意見や視点を求めて事件の意味を理解するためにＢＢＣを頼っている」「われわれはイスラムに対する戦争だという印象を与えてはならぬ。過激派がなぜあのような暴挙に出たのかの理由を問うことは正当だが、その際にもイスラム教徒への偏見や偏狭的世論をあおるようなことはしてはならない」と述べた。

「報道用語」では「ＢＢＣは世界中に放送されているから、報道を明確にするために〝われわれ〟〝わが軍〟ではなく〝英国の軍隊〟と表現することが適切である」と言い、「情報の出所」では「報道では絶対に情報源を明確にすること」「軍部もしくは政府関係者からの情報では、信憑性を確かめること」「戦闘区域の報道では、憶測や目で確かめていない報道はしてはならぬ。証拠をつかむことが大切だ」などと強調した。

「情報の秘匿」では「われわれは視聴者が真実を伝えていると確信がもてるように努力しなければならない。しかし、軍隊に危険が及ぶ報道は避けたい。ただ、どんな情報を秘匿するか

は国防省や軍が決定するものではなく、われわれ自身が決めるものだ。もしも情報を秘匿するのであれば、それが絶対に必要であることが条件である」と主張する。さらに、「情報留保の承認」で、「情報提供が留保された場合は視聴者に誠実かつ正確にその理由を説明すべきである」「報道が検閲またはモニターされたり、われわれが情報を秘匿した場合はその事実と理由を視聴者に説明することは当然だ」と述べた。

「死傷者報道」では「BBCは死傷者の近親者がBBCの番組でその事実を知ることがないように配慮してきたが、市民の関心が強く、公表するに足る理由がある場合には、この限りではない」と言い、「専門家の貢献」では「退役軍人を含め、専門家の発言にはとくに気をつけねばならぬ。軍隊の今後の動向・詳細を推測するような人を番組に招いてはならぬ」と主張した。「死と傷害の情景描写」ではこう述べた。

「悲惨な現実や映像は理由如何によっては調整されねばならぬが、戦争の悲劇的描写はカットすべきではない。戦闘から帰還した軍人へのインタビューには注意を払う必要がある。分別を失った人、ショック状態の人などに立ち入ることがないよう心がけたい」

「近親者に対するインタビュー」では「死別や悲しみは戦争では避けがたいものであり、事実を隠してはならないが、同じシーンを何度も使ってはならない。映像の反復使用による相乗効果に注意しなければならない」と書き、「反戦報道」では「イギリスをはじめ他国での軍事紛争に対するいかなる反対意見も反映させなければならぬ。反戦論者の意見は国家的、国際的事実としてとらえられるべきだ。国民の議論を可能にすることがわれわれの重大な任務だ」と綴った。

湾岸戦争時との指針内容の違い

ここで、第一章で紹介した湾岸戦争時のBBC「戦争報道で留意すべき事項」と対比してアフガン戦争の報道指針を検討すると、次の四つの点で異なる内容が散見できる。一つは湾岸戦争の報道指針ではイラク側を利することがないように、BBCの報道スタッフがBBC当局から支持されることを保障するために作成したということが明記されていたが、今回は視聴者への戦争報道に関する説明責任（アカウンタビリティ）を果たすという色彩が濃かったこと、二つには前回にはなかったが、BBCが自身の立場を「国際放送局」と位置づけたことである。その結果、三つには公正な放送を謳い、多様な意見の提示を主張、とくに反戦の動向については国家的、国際的事実として伝えていかなければならないと明記された。四つにはアフガン戦争報道指針では「専門家の貢献」と題して彼らの登場にはとくに気をつけねばならないと言って、「軍隊の動向・詳細を推測するような人を番組に招く」ことを戒めたが、それは放送が戦況報道中心となり、視聴者の科学技術への崇拝心をあおる結果、戦争の真実を見えなくさせてしまうことへの警告だった。

こうした指針内容の変化は、湾岸戦争以後の一〇年間の世界情勢、国際関係の変化がグローバリズム時代、ポストモダン社会と言われる時代状況を反映した結果だと判断される。

マーク・オディーはポストモダン社会を考えるキーワードとして多元化、多様化、商業化、商品化、国際化、脱中心化を上げた(スチュアート・シム編、杉野健太郎他訳『ポストモダニズムとは何か』松柏社、二〇〇二年)。BBCにはそのどれもが重要で、とくに意識したのは多元化、多様化、国際化のなかでの放送のあり方を考えることだった。

指針起草の背景

指針の作成者はBBCの番組管理の総責任者(Editorial Controller)、スティーブン・ウィットルであった。彼はロンドン大学で法学を修め、一時期、キリスト教団体でボランティア活動をしたが、やがて、BBCマンチェスターに就職。その後、同局のロンドン本部に移り、もっぱら宗教番組担当のダイレクターとして活躍した。転じて放送基準評議会(BSC)の事務局長に就任する。この機関は九六年放送法で、既存の放送苦情処理委員会(八〇年設立)を吸収した放送番組の公平・公正を裁定する第三者機関であった。

イギリスではBBCやITC(民間放送への免許付与機関で政府から独立)が精細な番組ガイドラインや番組コードをもっていて、番組制作者が放送の「公平」「公正」を考える拠り所にしているが、それがうまくいかないと視聴者はBSCに問題をもちこみ、的確な判断を仰ぐ。BSCは視聴者救済の諮問機関で、その事務方のトップに彼は就任した。五年間BSCに在職した後、アフガン戦争勃発三カ月前の二〇〇一年七月にBBCに戻った。

彼は指針起草の理由をB5判五枚綴りの文書にまとめると、「九月一一日の放送で視聴者の七七％はBBCの放送は信用できると言った。それはBBCの存在価値を明確にした瞬間であった。BBCは人々の判断力の中心的位置を占めているのみならず、考え方の方向性を提示するということで最高の社会的貢献を果たした」と述べ、以下のように綴った。

「われわれの視聴者は正確なニュースや情報のためにBBCに関心を寄せるが、その際、彼らはさまざまな対立的意見を包含しながら、公平な分析を通して、多くの観点や見解を提供されることを望む。……もちろん、われわれは国家の安全という問題に対して敏感であらねばならぬが、一方で不注意な報道、空理空論から生まれるわれわれの影響に対する危険性にも敏感でなければならぬ。アフガン戦争発生の理由の一部に民主主義を守るということが含まれているから、それに対する論争も喚起しなければならない。ただし、その論争は人為的に操作されたものであってはならないし、ましてやプロパガンダ戦争に巻き込まれてはならない。ブレア首相はイギリスが行動を起こさないと世界のなかでのこの国の立場が危うくなると言ったが、この言葉の裏にはアフガン戦争に関する国家的論争を起こすべきだという考え方があるとわれわれは理解したい。その論争にはビン・ラディンやアル・カイダを刺激している要因は何かを追及する問題も含まれる。また、中近東やアフリカ、地中海沿岸のイスラム諸国と西欧社会との断層を分析することも含まれる。これらの問題は新しく、そして困難な方法で放送の〝公平〟の領域内での放送人の能力を試すことにもなるのだ」

彼は戦争報道ではまずもって放送が信頼されなければならず、そのためには放送内容が「公平」「公正」でなければならないと考える。そうした考え方の背後には彼自らが語るように、次のような認識があったことに注目しなければならない。

グローバルな情報提供者として

「国内の視聴者からだけではなく、全世界の視聴者からも信頼される、ということを意識すべきである。とくにアフガニスタンの視聴者からの信頼を得ることが重要である。BBCは真にグローバルな情報提供者でなければならない」(「公平」に関するIPPRのセミナーでの発言)

それではここでいう「グローバルな情報提供者」である放送とはどんな放送か。二〇〇一年一一月、スペインのバルセロナで開催された世界報道会議の席上でBBC報道局長マーク・ダメイザーは九・一一事件についてBBCワールド・サービスでは「テロリズム」の表現をやめ、「アタック」(攻撃)と呼ぶように方針を転換したことを発表した。「テロのような主観的用語を使えば放送の公平・公正の評価を失うことになる。ワールド・サービスの番組に出演するゲストが、たとえばジェット機が世界貿易センターに飛び込んだ事件をテロ行為だと評しても、われわれはより中立的な「攻撃」という用語を使用する」というのが理由だった。

彼は「そのことは事件の悲惨さを軽視することではない」と強調し、「あの事件では実にぞっとするような戦慄と嫌悪感を禁じえなかったが、しかし、あれをテロとは認めない視聴者層もいることは確かだ。そのような状況のなかでテロと表現することは放送の独立性を重視するわれわれの評価を下げてしまうことになりかねない」と言った。また、「そのことはＩＲＡ（北アイルランド共和国軍）の攻撃をテロリズムと表現しないことではない。ＩＲＡの攻撃は世界史的文脈で語られる性格のものではないが、ニューヨーク、ワシントンへの攻撃は世界史的文脈で語られなければならず、政治的緊張度が高まれば高まるほどそうした配慮が必要だ」とも付け加えた（『ガーディアン』二〇〇一年一一月一五日）。

同会議ではアメリカのメディアへの批判が続出したという。批判の意味については後述するが、たとえば、カナダ放送協会のトニー・バーマンは「危機についてのアメリカの報道は国際的観点を考慮に入れることに失敗した」「アメリカの報道は文化の悲しむべき役割である盲目的愛国主義をあおり、本来あるべき報道の精神を抑圧した。それはフットボールの試合報道のようなものだった」と批判した（前掲紙）。

ふたたび、ウィットルの言説に戻ると、彼は「偏見や偏狭の炎を焚きつけてはならぬ。イスラム社会を語る際には、誰に向かって話しているかを意識しなければならない。そして放送の正確さへの責任、真実を語ること、あらゆる声、意見が聞かれるための機会の提供、これらはわれわれの公平さの責任の決定的にして必須の条件だ」と言った。

しかし、このウィットルの言説やバルセロナでのBBCの報道局長ダメイザーの発言は目新しいものではなかった。毎年改定される「BBCプロデューサーズ・ガイドライン」は「テロリズム報道ではBBCは迅速かつ正確で完璧なまでの責任感をもち、そして憶測を避けて真実の報道に努めなければならぬ。……その報道はわれわれの国際協力を試す領域に属するものだ。われわれの信頼は世界の視聴者が偏見から解放されることにある」と記し、「言語と表現」「爆弾予告」「危険にさらされる人々についての報道」「テロリストとのインタビュー」「国家の安全問題」などの項目を設けて、テロリズム報道の指針を明示する。

「言語と表現」の項では「(この種の報道では)われわれの国際的な視野が試される。もしも国際的な視聴者がわれわれの報道で賛成または反対の偏りがあると判断すれば、われわれの信頼性はひどく蝕まれる。(だからこそ)中立的用語の使用が重要である」と書いた。「テロリストとのインタビュー」では「われわれはインタビューすることで公共の利益が非人道的行為を上回ると信じる場合にだけ活動中のテロリストと会見する」と記す。

このことについて補足すると、九・一一事件のあと、オサマ・ビン・ラディンからのメッセージがテレビで流されると、ブレア首相はこの映像を二度と使用しないようにメディア関係者に通達した。それはビン・ラディンの発言のなかにコード化されたメッセージが含まれているかもしれないという危惧からのものであったが、この申し入れをBBCは「プロデューサーズ・ガイドライン」が明示する「テロリストとのインタビュー」項目に抵触するとして拒否した。「番組ガイドライン」をもつということはそういうことなのである。

価値多元化社会における放送文化

こうしたガイドラインの文言を九・一一事件報道やアフガン戦争報道に重ねていくと、既出の「アフガン戦争報道指針」が戦争報道のあり方として浮上してくるのであった。ウィットルは指針の精神を「古くからの緊張と新しい挑戦」という表現で要約した。彼は「われわれはポストモダンの環境で放送活動をしていることを自覚することが重要だ」と言い、「イスラム社会では女性の権利や同性愛者の権利の問題で西側世界の非宗教的仮説と相容れないものがあるが、われわれはそのことをストレートに放送していいものだろうか」と疑問を呈す。彼にとってポストモダンの社会とは価値多元化社会であり、多文化化社会のことであった。そういう社会でのメディアの責任とは何かを問うと、紹介したような戦争報道指針が作成されるのである。

第二章で詳述したように、コソボ戦争報道ではBBCも含めた西側のメディアはNATOのプロパガンダの一手段になり、反対者の声やNATO介入の法的正当性の欠如や戦争の道徳的複雑さについては語らなかったと非難された。残虐行為を報道するための唯一の方法は、難民による感情表現をそのまま伝えることであったが、そうした報道は救援組織作りや義捐金募集には役立つが、戦争の本質を伝えることにはならないなどといわれた。

同じことは九・一一事件報道でも言える。単なる感傷主義の報道では本質を見抜く目を曇らせ、問題を単純化し、平凡化する報道態様になる。BBCの一連の動きはそうした批判の言説を先取りし、国際放送局としてのBBCのあり方を追求したものであると判断される。また、かつての大英帝国の時代に宗主国として各植民地の人間を受け入れ、多民族、多人種国家となったイギリスの公共放送として、当然のことであったかもしれない。

だからだろうか。BBCはアフガン戦争勃発時、国防省内メディア対策部門である「防衛・メディアへの助言委員会」(Defence, Press and Broadcasting Advisory Committee)の事務局長、ニック・ウィルソンが各メディアへ送った書簡、すなわち「今や地上戦がわれわれの軍隊のために展開されようとしているとき、私はあなたがたスタッフが個々の報道においてより偉大な配慮を行い、国家秘密法に記されているDA条項(国家の安全に関する問題についての自発的自主規制条項)を遵守するよう希望する」という要望を無視したと聞く(ウィットルへのインタビュー)。ちなみにその要望書には次の事項についての報道への配慮が記されていた(ウィルソンと筆者との対談)。

① 秘密作戦に関する個々人の身元
② 支援部隊が活動する国々およびその基地名
③ 支援部隊の秘密の詳細

④ 秘密兵器および特殊計画
⑤ 支援部隊によって使用される装備ないしは新たな特殊技術

今日、国家の利益と市民の利益、一般的な感受性と個人の感受性など、価値多元化社会を構成する問題が山積するとき、見せかけの誠実さや市民の想像力を操ろうとするマスメディアは糾弾されるという考え方が、メディア批判の伝統的系譜として存在する。批判の背後には、放送の自由と独立、あるいは市民的自由の確立といった、権力との対抗関係で放送のあり方を論じる視座がある。価値多元化社会、多文化化社会でのメディアのあり方を検討するには、そうした視座に加えて、グローバル化した二一世紀社会のグランド・デザインが描くキーワードとして放送の「公平」「公正」が浮上してくることをBBCの一連の動きは示唆するのであった。二一世紀という時代はヒトとモノの急速な移動によって、多人種、多民族が共生する社会となるからである。

そのような時代の傾向においては、多文化的で価値多元的な政治コミュニティにおける放送活動の理念は、ナショナリズムに裏打ちされた狭い意味での国民文化に依拠するのではなく、すべての市民が進んで同意するような開かれた自己批判的な政治文化を形成することにある。BBCの国際放送局としての新たな挑戦はそうしたコミュニティの形成を放送文化としてとらえていったところに特徴があった。

2 好戦的愛国主義のジャーナリズム

九・一一事件とアメリカのジャーナリズム

それでは九・一一事件の当事国、アメリカのメディアはどのような反応を示したのであろうか。前述したように、二〇〇一年一一月、カブールが陥落した前後にバルセロナで開催された世界報道会議ではアメリカのメディアへの批判が続出した。繰り返しになるが、カナダ放送協会のトニー・バーマンは「危機についてのアメリカ報道は国際的観点を考慮に入れることに失敗した」「アメリカ報道は文化の悲しむべき役割である盲目的愛国主義をあおり、報道の精神を理解することを抑圧した」と強調し、「今回の戦争報道では、BBCワールド・サービスとアメリカの放送を比較すると、両者はまるで別々の戦争を取り上げているように見える」と言った。

これに反論してアメリカのNBC放送の副社長、ビル・ウィートリーはニューヨークからの衛星通信回線を通じて、「アメリカのメディアはタリバンを打ち負かし、オサマ・ビン・ラディンを拘引することを念頭において報道をしているが、その際、戦闘の不利な状況とかアメリカの外交政策の問題点に手心を加えるようなことは一切していない」と主張した。

彼はバーマンが指摘する「盲目的愛国主義」という非難に強い拒否反応を示したが、それでは実際の報道はどうであっただろうか。「危機のなかのジャーナリズム」という視点で、アフガン戦争へと発展した九・一一事件報道のアメリカのジャーナリズムについて考える。

「九・一一事件とアメリカ・ジャーナリズムの構造的限界」を著したイリノイ大教授のロバート・W・マックチェスニーは「多くのアメリカ人にとっては世界貿易センターやペンタゴンへの攻撃は宇宙からの大量攻撃のように映った。世界政治にまったく無知で、イスラム世界を理解することを避け、ブルース・リーやアーノルド・シュワルツェネッガーが登場するハリウッド映画によって教育されてきたアメリカ人たちは観念的で、偏執狂的なヒステリック反応を九・一一事件で示していった」と自身の同事件に対する印象を述べながら、「九・一一事件は何の議論もなく、満場一致の投票によってブッシュ大統領の戦争突入という行為を通過させるための〝議会の役割〟を担った」と言った。

事実、議会は軍、諜報機関、そして国家の安全の問題への多額な資金投入を承認し、その数週間後にはアフガニスタンへの爆撃が始まった。ブッシュ大統領は大統領声明のなかでアメリカがグローバルな対テロ戦争に突入したことを述べ、アメリカを支持しない人たちやそういう人たちがいる国々は敵に同調するものだというような論理を組み立てていった。そして、テロリストは別の攻撃を企んで潜み、われわれの軍隊が監視を必要とする限り、この戦争は目に見えるかたちで終わりのない戦争になるだろうと強調した。

その結果、彼によって「不朽の自由」作戦と命名されたこの戦争では、先制攻撃が正当化された。ベトナム戦争や湾岸戦争、前章でふれたコソボ戦争では、政府は多くの国民を動員する哲学的プロパガンダを用意したが、今回の戦争ではその必要がなかったのである。

その理由をマックチェスニーは戦争にいたるプロセスの中心にメディアがいたことに求めた。彼はメディアは多様な意見を戦争キャンペーンのなかに吸収し、軍国主義や戦争のための優れた宣伝機関になっていたと言い、これはアメリカにとって大変、不幸なことであったと強調した。彼はニュース・メディアのジャーナリストは極端に懐疑的であるべきであるし、他の政策オプションに向かってドアを開き、そして権力機関の誰もが話したがらない疑問を粘り強く問うていくべきだったが、九・一一事件以後のアメリカのジャーナリズムにはそれがなかったと慨嘆した。

こうした見解は「ジャーナリズム・危機・愛国心」を書いたルットガー大助教授のシルビオ・ワイスボードによっても示された。ワイスボードは、九・一一事件以後のアメリカのジャーナリズムは、悲しみに打ちひしがれたこの国の民衆に対して安心感を与えること、そして再び起きるかもしれない攻撃に対してある種の危機感をあおるために、愛国心を鼓舞するような方向で発揮されていったと言う。彼によれば、アメリカのジャーナリズムは事件を「危険な社会における不安と安心」という問題に収斂させて、この事件と、続いて起こるかもしれぬ危機を明確にするためのシナリオを作成したが、それは危機を理解させるための一つのかたちとして愛国心を無批判に扇動することであったということである。

「要塞国家アメリカ」の崩壊

九・一一事件は二つの海洋に挟まれ、巨大な軍事ネットワークによっていかなる外国からの脅威も排除できるという「要塞国家アメリカ」という考え方を一変させた。確かに、一九四一年の日本軍による真珠湾攻撃があったにせよ、この国は一八一二年の米英戦争以来、直接的に銃口が向けられることはなかった。論文「楽勝世界」("runaway world")を書いたイギリスの社会学者アンソニー・ギデンズも認めるように、〝不死身なアメリカ〟という国家観がこの国には定着していたのである。危機や危険な状態は他人事で、よその国の遠い出来事だと人々は考え、また、メディアも他国の苦しみや紛争を報道しても、自国は安全だという認識にいつも浸っていた。九・一一以前の二〇〇一年、『タイム』誌が特集したジャンルは健康問題が一一回、家族問題が六回、国内政治問題が五回、スポーツ二回、人物評、財政問題が各二回、歴史的話題、エイズ問題各一回となっていた。起こりうるテロリスト攻撃を予想する特集は皆無だった。

九・一一事件以来、ギデンズは毎週月曜夜開講のロンドン大学での市民講座で、この事件はグローバル化した資本主義の所産だと言った。それだけにメディアは危機的状況を克明に分析し、今日の危機に対して誰が責任をもたなければならないか、それについての情報を提供しなければならなかった。危機を理解するということは、危機の社会的分布状況を認知し、危機の責任(誰が責任をとるか)を追及することにあるからだと、彼は言う。

アメリカのメディアはそうした作業を怠ってきた。この国の多くのメディア評論家たちは、九・一一事件はアメリカのメディアが国民に注意を促せなかっただけでなく、攻撃を防げなかったことを証明したようなものだと語った。彼らはアメリカのメディアは数年来、国際ニュースを軽視し、アメリカ大陸におけるテロの可能性、およびアラブ諸国の反米意識を少しも報じてこなかったことがこうした事件を誘発させたのだと強調した。こうした認識は、テロを阻止する予防策を提示することができず、またこの国の市民に警告を発することができなかった状況を、彼ら自身が「メディアの危機」ととらえたことによった。

「愛国主義のジャーナリズム」

このように九・一一事件は、この国のメディア界にとっても大変ショッキングな出来事であった。事件発生後、あたかもトラウマ(精神的衝撃による自己不安定の状況)に見舞われたかのように、メディアは混乱や喪失感、分裂状態に陥る個々人の非日常的体験をセンセーショナルに報じていった。危機意識をあおり、あおることで、国民的アイデンティティを高め、その結果、「愛国主義のジャーナリズム」を作りだしていったのであった。

ここでいう「愛国主義のジャーナリズム」とは愛国的アイデンティティに裏打ちされたジャ

ーナリズムということである。それはかつてユダヤ人排斥運動にユダヤ人たち自身が示した感情に似ているものがあった。と同時に、スチュアート・ホールやE・W・サイードが指摘するように、アンチ・アメリカに対抗する感情に支えられた愛国的アイデンティティは、グローバルな時代において危険や不安に直面している国家に安堵感を与える唯一の方法でもあった。

メディアは事件の恐怖を伝えたり、悲劇を示すというよりも、攻撃者に対する国家的アイデンティティを構築する方向で事件の意味や解釈を提示していった。そこでは「公平」や「公正」、客観的妥当性の本格的要求は抑えられ、進んで愛国的な党派性を組んだジャーナリズムが作られていった。たとえば、次のような具合に、である。

FOXテレビのニュース・キャスターやローカルテレビ局のレポーターたちは襟の折り返しの部分に赤と白と青のリボンをつけて番組に登場した。CNNの提唱によって、各ネットワーク局は星条旗に包まれたロゴを表示した。地方紙や地域紙は星と縞模様のバッジとリボンを紙面に反映させた。『タイム』の誌名には星条旗の色があしらわれていた。

のみならず、CBSの著名なニュース・キャスター、ダン・レザーはブッシュ大統領からの要望を受け入れる準備はできていると言い、また、「戦火のアメリカ」「われわれは共に団結しよう」「アメリカに神のご加護を」といった見出しやキャッチフレーズが行間やブラウン管を埋め尽くすなど、メディアはしっかりとアメリカ国旗に覆われていった。

それはメディアが国家の文化的一員であることを誇示した瞬間であったが、同時に〝ナショナリズムとしての愛国心〟を報道のプリンシプルとして採用していった瞬間でもあったのだ。「愛国主義のジャーナリズム」というものは、国家という〝国民共同体〟が危機に瀕しているときに出現するものだということを、九・一一事件は教えたのであった。

ゆえに、ジャーナリズムにとって「公平」「公正」とは何かの議論は脇に追いやられ、異なる意見を展開することの難しさや戦争挑発に乗らない「愛国心」を提唱することの困難さが現れた。各メディアは国家を危機にさらすテロリズムの危険性を強調する言論・報道を優先し、作られた世論やタカ派が提起する「愛国心」に警告を発するよりも彼らの言う「愛国心」に便乗するほうが快適であるととらえていった。

「炭疽菌」襲撃報道の問題点

当然のことながら、こうしたジャーナリズム傾向からは「なぜ九・一一事件は発生したのか」「誰がこの攻撃に対して責任をとるべきか」「なぜアメリカの領土が狙われたのか」「なぜ政府は市民を攻撃から守れなかったのか」などの疑問は浮かび上がらない。かわって、この種のジャーナリズムではテロリストにすべての責任をなすりつける方法が採用されるが、それは「炭疽菌」襲撃報道が端的に示した。じつは「炭疽菌」襲撃報道は期せずして「愛国主義のジャーナリズム」の欠陥を露呈するものになっていったのである。

民主党の院内総務の事務所を皮切りに、炭疽菌に汚染された手紙が議会関係者やメディアに送りつけられたのは九・一一事件発生から一カ月後の二〇〇一年一〇月から一一月のことであった。メディア関係ではNBC、ニューヨーク・ポスト、ナショナル・エンクワイア、ニューヨーク・タイムス、CBS、FOXテレビなどであったが、この間、五人が炭疽菌に汚染され、死亡していった。各メディアの報道態様は自身も攻撃の対象になったということで、「人生は危険に満ち満ちている」という具合に、市民の恐怖感をあおる方向にあった。

たとえば、『USニュース』は「高まる不安……炭疽菌の恐怖、今まさに始まろうとしているのか」と書き(一〇月二九日)、また、『ワールド・レポート』は「郵便物による死……炭疽菌の恐怖による大混乱はアメリカ中を神経質にさせている」と述べた(一一月五日)。『ニューヨーク・タイムス』も「恐怖の原因」「国家の神経質」という表現を使ったという。

シルビオ・ワイスボードは、炭疽菌報道は市民の健康問題にはかりしれない悪影響を及ぼしているという方向でなされる一方、政治問題として「鷹の目のような愛国心」を鼓舞するジャーナリズム傾向を生みだした、という。とくにアル・カイダとイラクの生物テロ・プロジェクトとの関連で危機をあおる方向でこの問題が報じられていった。その結果、危機管理の問題に報道は収斂されたが、その問題では情報源は政府側にあるため、ブッシュ政権はこの事件を契機にテロへの反撃のチャンスを模索した。

それに追随するかのように、『タイム』は「サダムは何を保有しているのか」という見出しで、炭疽菌とイラクを結びつけていった(一〇月一九日)。『USニュース』と『ワールド・レポート』もオサマ・ビン・ラディン率いるアル・カイダのテロリスト・ネットワークに言及しながら、ハイジャック犯人モハメド・アッタとイラクの秘密情報工作員との関係を記事化していった(同日)。『ニューヨーク・ポスト』は「細菌博士……炭疽菌発生の背後にサダムの科学者」と書いた(一〇月二二日)。

このようにして、アメリカ国民の圧倒的多数が炭疽菌攻撃と九・一一事件は連動していると考え、この攻撃の背後にはオサマ・ビン・ラディンないしはサダム・フセインがいると信じて疑わなかったというが(ワイスボード、前掲論文)、事態は急変した。

この国の生物兵器の専門家であるバーバラ・ハッチ・ローゼンベルグは「FBIは犯人がアメリカ人であることを知っていたが、政治的理由から逮捕しなかったのだ」と言明。これを受けてFBIも一一月九日、「炭疽菌事件は九・一一事件の恐怖や不安を利用した国内の人間による犯行である」という見解を示した。FBIは犯人は外国人ではなく、この事件は九・一一事件とはなんら関係ないという見方を披瀝したのだが、ホワイトハウスは「アメリカ人がそんなことをするわけがない」と言いつづけ、各メディアもそれに追随した。結局一二月一七日、ホワイトハウスのフライシャー報道官によって、ブッシュ政権が同事件の国内犯による可能性を示唆したことで、事件報道も沈静化した。

この事例から明らかなことは、危機の報道というものはパターン化されているということだった。ジャーナリズムは危機のニュースを物語化するにあたっては、まずは「とんでもない話」としてそれを描き、すばやく効果的に公の憤りを喚起させるために、国家への反抗者や社会の逸脱者への規制や排除の方法を模索するとともに、長期にわたって考察が必要な場合でも、即時性のある出来事にのみ焦点を当てて、それをセンセーショナルに報じていく。すなわち、「炭疽菌はテロの二つめの波である」というブッシュ大統領の言葉を踏襲し、炭疽菌の手紙の発見とそれに関連する死亡事故についての報道が数週間続き、最終的には問題はうやむやにされたのであった。

新たな国家主義の始まり

かつて、アルフレッド・ネットマンは「ジャーナリズムは移ろいやすく、時勢を追い求めるだけでは満足せず、時として時勢を作りだし、受け手に対していつも新しいセンセーションを呼び起こしていくために、人目を引くシンボルを総動員し、総動員したシンボルをいつかは使い捨てていく」と言ったという（林達夫「ジャーナリズム」）。現象学的にはまさにその通りで、アメリカのメディアは炭疽菌事件報道では、この事件を「国家の危機」と位置づけ、「愛国主義」を国民に信じ込ませていくシンボルを多用した。そのシンボルは、危機を鮮明にすることと危機から身を守る方向で使われ、世界の混乱をとりのぞき、あらたな秩序を構築するプリズムとして機能した。それは九・一一事件以後、ブッシュ大統領がテロを重大な国家危機と位置づけ、危機を乗り越えるために愛国心を喚起することを当面の政治目標に掲げたことと見事に一致した。彼は危機を鮮明にし、危機から身を守ることとの必要性を説きながら、異質な意見を排除していったのである。

九・一一事件はアメリカの国防意識が問題になった日であった。それはグローバル化したビジネスの傾向や大きく発達した都市の話をする新国家主義の預言者たちが、かつての古めかしい国家主義をふたたび持ちだした日でもあった。またジャーナリズムにおいては、自分自身が国家の重要な一員であることを正当化することによって、アメリカの怒りを全世界に示した日である。その怒りはアメリカ建国以来の精神である結束力、寛大さ、平等性、思いやりとやさしさ、そして民主主義の価値への尊敬が入り混じった感情に裏打ちされた「愛国心」の鼓舞となって、純真無垢な市民を付和雷同的な市民に変えて、彼らをひきつけた。

結果的には、そうした愛国心はアメリカにおける新しい国家主義の始まりであったのだ。なぜならば、血なまぐさい時代の愛国心というものは他国への嫌悪の気持ちを醸成し、好戦的になり、暴力的、制圧的、不寛容の態度を作ることによって、この国をアフガニスタン戦争へと駆り立てていったからである。

俗に言う「愛国心」「愛国主義」という言葉は、英語では「パトリオティズム」と表記される。その意味は、「父祖の地に対する愛着」「郷土愛」である。近代国家における自由と民主主義の理念は、とくにアメリカにおいては国家の全成員に愛国、祖国意識を植え付けていった。しかし九・一一事件以後、この国のジャーナリズムが展開した「愛国心」「愛国主義」は「ショービニズム」(排外主義)、「ジンゴイズム」(対外強硬論)と重なって、「警察国家」(ポール・ヴィリリオ)アメリカの文明を世界に押し付け、それに反対する国家の声をノイズ(雑音)だと排除し、その後の戦争物語を作っていくことになる。

こうした軌跡を描くジャーナリズム傾向では、この国のメディアに「なぜ、危機に瀕した国の実態とその意味を解析できなかったのか」という疑問が寄せられたのも当然であった(ワイスボード、前掲論文)。理念としての「愛国心」は、多様な価値観をもつ人々がともに暮らす地域社会のことを考え、市民の権利を訴え、偏狭さと暴力に反対する仲間の支持に支えられて形成されていくのである。

3　アル・ジャジーラ現象の台頭

アラブ・メディアの登場

アフガン戦争報道を語る場合、英BBC放送とアメリカのメディアとの比較はそれなりの意味をもつが、同時に重要なのは、一九九六年に立ち上がったカタールに本拠を置くアラブの衛星チャンネル、アル・ジャジーラの存在である。

先に紹介したバルセロナでの世界報道会議の席上、カナダ放送協会のトニー・バーマンのアメリカのメディアへの批判に応えるかたちでNBC放送の副社長ビル・ウィートリーは「アル・ジャジーラが自らの公平さを主張するほど信用できるメディアだとはわれわれは思っていない」と衛星回線を通じて発言した。彼があえて無名に近かったこの放送局に言及したのは、グローバル化した現代のメディア環境にあってアル・ジャジーラがもう一つのジャーナリズム現象として、異質の戦争物語を作っていたからである。

周知のように、アメリカのCNNが「世界の耳目」となったのは湾岸戦争報道からであった。このときアラブ各国は、国際的スケールでのCNNのインパクトを目の当たりにして、紛争時代のサテライト・テレビの戦略的重要性を認識しだした。そして自分たち自身の国家的サテライト・テレビの立ち上げを検討する。

CNN以前は、アラブにおいて受信できる世界の情報は、ロンドンをベースにした中東放送センター(MBC)によってであった。MBCはサウジアラビア国王の義兄弟が経営していた。また、エジプトにもエジプト・サテライト・チャンネルがあり、アラブ首長国連邦にもエミレイテス・ドバイ・テレビ(EDTV)があったが、これらはいずれも国家の管理下にあった。そこでは検閲やメディア統制が強く、そのために比較的、公正な世界の情報を知るためにはBB

Cワールド・サービスのアラブ向けラジオ放送が重宝がられた。

そうしたアラブ地域において、部分的ではあったが、放送事業の規制緩和が進んだのは湾岸戦争以後の通信技術、情報技術の飛躍的発展による。この地域の衛星チャンネルは同戦争以後、二つのカテゴリーに分類された。国有チャンネルと民間チャンネルである。

国有チャンネルは、ディアスポラ・コミュニティ(父祖の地から遠く離れた地域に居住する人々のコミュニティ)と母国の関係を維持しながら、もっぱら国外在住の市民を対象にした放送活動を行った。したがって番組内容には規制が課せられる。民間チャンネルはインターネットの普及とともに台頭し、放送事業に市場主義をとりいれたため、視聴者は消費者と認識され、アラブ世界の視聴者に加えて国籍にかかわらず世界中に点在する一般のアラブ人を対象にした放送活動を展開した。

そうしたメディア環境の変化を受けて立ち上がった汎アラビア衛星テレビ・チャンネルのアル・ジャジーラが九・一一事件後のアフガニスタン戦争の独占放送によって国際舞台に躍り上がったことは、価値多元化社会、多文化化社会を反映したグローバリズム時代の世界のメディア環境においては新たな時代の出現を意味した。西側メディアが展開する価値観とは異なった放送活動がこのテレビ・チャンネルによってなされたからである。

とくに、このテレビ・チャンネルの新奇な性質が最高潮に達したのは、オサマ・ビン・ラディンのビデオテープやアル・カイダによるプレス・リリースを定期的に放送するようになってからである。その放送は西側メディアに対抗する意見や見解を提示したことで国際的に注目されだし、アフガン戦争報道を語る際、このメディアの存在を抜きにすることができない状況を作りだしたのである。

アル・ジャジーラ誕生の背景

アル・ジャジーラはアラビア語で「島」、つまり「アラビア半島」を意味し、英BBC放送のアラビア・テレビ・ネットワークの亡霊から立ち上がった衛星チャンネルだった。BBCアラビア・テレビ・ネットワークはアラブ地域のテレビ市場を支配するという目的で汎アラブ・テレビ・サービスを開設するためにBBCがサウジアラビア政府の協力で開局したチャンネルであった。もちろん、こうしたチャンネル誕生の背景には、一九九〇年代の衛星放送時代の到来を象徴するあらたな商業チャンネルによって販路を確実に広げていくといった、もうひとつのメディア環境の変化があったことは否めない。

ただし、BBCアラビア・テレビ・ネットワークとサウジアラビア政府との蜜月関係は短かった。新しくカタールの首長となったシェイク・ハマド・ビン・ハリーファ・アール・サーニは、停止されたBBCのサービス技術のインフラと同局の上級スタッフを採用することによって、アラブ地域の放送市場の開拓に乗りだした。その際、彼はロンドンからではなくカタールから放送するアラビア・ニュース・ネットワークの需要を認識し、カタール王族から一五億ドルを借り入れた。この金はアラブ世界の自由なメディア空間になるだろうという期待感や高給待遇にひきつけられた欧米諸国やアラブ諸国のアラブ系ジャーナリスト、編集者、放送関係者、エンジニアたちを容易にあつめる誘引材料になった。

「アル・ジャジーラ現象の地図作成」を書いたノウレディン・ミラディーによると、二〇〇二年現在、同局には約五〇〇人のスタッフがいるが、彼らのイデオロギー的背景は宗教的なものから世俗的なものまで、種々雑多であるということだ。ナショナリスト、イスラム主義者、バース主義者(イラクとシリアの与党イデオロギー)、マルキスト、フェミニスト、自由主義者など多様なスタッフが同居している。暗黙の了解事項として同局には表現の自由や反対意見の尊重、そして何よりも異質なイデオロギーの共存があったという。それは、このネットワークがアラブの独立した発言権を求める彼らの情熱を満たすことを目的にして出発したテレビ局であったからである。

アラブ地域には三五〇〇万人の定期的な視聴者がいる。また、世界には三億一〇〇〇万人のアラブ系市民がいる。アル・ジャジーラはその人たちを対象に討論やドキュメンタリー番組とともに日々のニュースや時事問題を放送することから始まった。そして、アラブ系の放送を再定義し、従来の放送地域を越えた視聴者の支持を得ようという野望で、アラブ地域の主要なネットワークに成長していくが、その背景には前述の要因とともに、政界、学界、人権活動家らに批判的な意見表明の場を提供し、その過程で数多くのアラブ指導者たちを刺激していったという事実があった。そのためにアル・ジャジーラの周縁国政府は、最初はこうした同局のあり方を好ましく思わず規制を試みたが、さりとて二一世紀の多チャンネル時代における意見の多様性という現実を無視することはできなかった。

そのアル・ジャジーラがアラブ世界の外部で存在感を示すことになったのは、九・一一の悲劇的事件やその後の余波に関する報道であった。同局はアフガン戦争の現場からライブ中継を行い、西側のテレビ・ネットワークでは放送されなかった死体映像や破壊映像、さらにはアフガニスタンの難民キャンプの悲惨な実態を放送する。そのために、ラムズフェルド米国防長官などは「アル・ジャジーラは世界に向けて自分たちのメッセージを放送することによって、テロリストたちの代弁者になっている」と言った(モハメド・エル・ナワウイ、アデル・イスカンダー共著『アル・ジャジーラ』二〇〇二年)。

米政府・メディアの反感と対抗策

やがて、アル・ジャジーラのこうした報道姿勢をトーン・ダウンさせるためのさまざまな圧力や工夫が、アメリカ政府によってなされていく。それは具体的にどのように試みられたのか。そのことにふれる前にアル・ジャジーラが欧米のメディア界や政治家、学者らにその存在を気づかせる契機になった事象を紹介しておく。

一九九八年、アル・ジャジーラはビン・ラディンのインタビューを放映し、そのなかで、彼がイスラム教徒に「アメリカの利益」を攻撃するように呼びかけた。その後も同様の放送が行われたが、同局の存在そのものを広く知らしめたのは九・一一事件後、ブッシュに対抗して、ビン・ラディン版の〝テロに対する闘い〟を定期的に放映したときに始まる。この番組は非欧米のネットワークであるとして、アラブやそれ以外の地域の評者によって賞賛された。あるコメンテーターはレバノンの新聞で「アル・ジャジーラは欧米メディアよりも包括的な視点を提供していて、CNNで知ることができることに加えて、CNNでは知ることができないことも知ることができる」と述べたという(ミラディー「アル・ジャジーラ現象の地図作成」)。

こうしてアル・ジャジーラはアフガン戦争では西側メディアが報じる「記事の裏側」を提供したとして、アメリカ外交筋の反感を買った。アメリカ政府や同国民の「愛国心」をあおるアメリカのジャーナリストたちが、アラブ視聴者の主要な情報源になっている同局への危機感を深めたからである。やがて、政府関係者の間で、アメリカはイスラムに対して戦争をしているのではないということをイスラム教徒穏健派に伝えるべきだとして、それをアル・ジャジーラの番組で宣伝してもらうためにアメリカがスポンサーになることが検討されだした。国務省内ではアル・ジャジーラに対抗できるテレビ局の立ち上げの必要性が論じられ、とくに反米意識の強いイスラム教徒の若者を対象とするテレビ・チャンネルの開局が議論され、そのために五億ドルの予算措置が講じられた。

この間、アル・ジャジーラはビン・ラディンのテープを放映したが、その代償は高かった。二〇〇一年一一月、アメリカ軍はついにアル・ジャジーラのカブール支局を爆撃した。また、同局のワシントン特派員モハメド・アル・アラミは、米露サミットを報道するためにテキサスに向かう途中、拘束された(BBCウェブサイト)。インターネットを通じてアラブ視聴者への支持を得ようとする競争も激しくなり、翌二〇〇二年一月にはCNNが正式にアラビア語ウェブサイトを立ち上げた。これはドバイのアラブ系ジャーナリストによって運営された。もちろんサイトのコンテンツはCNNインターナショナルが担当した。

かつて、タリバンのリーダーのインタビューを放送しようとして、米議会から「アメリカの国益に反する」と批判されたこの国のプロパガンダ機関であるVOA(Voice of America)のアラビア語サービスへの視聴者の接触率はきわめて低かった。その数字はアラブ地域で一%から二%であったが、そのために米議会はラジオ・フリー・アフガニスタン(Radio Free Afghanistan)再開のための資金提供を決議した。

ラジオ・フリー・アフガニスタンはアフガニスタンが旧ソ連の支配下にあった一九八〇年代に創設されたが、ソ連撤退後は閉鎖された。撤退後は必要ないと認識されたからだが、アル・

ジャジーラ率いるアラブ系衛星チャンネルによって、フランスのラジオ・モンテ・カルロや英BBC、米VOAといった欧米のメディア報道への視聴者の関心が低まっているという危機意識が、ラジオ・フリー・アフガニスタン再開の背景にはあったのである。

「公共サービス放送」の概念

ところで、アル・ジャジーラがBBCによって開拓された「公共サービス放送」という概念をとりいれながら、今日、さまざまな番組を提供し、アラブ系視聴者に多くの影響を与えていることは周知の事実である。したがって、BBCの「公共サービス放送」という概念にもふれておかないとアル・ジャジーラの本質的理解にはつながらない。

イギリスの放送研究者ロバート・A・ホワイトは「公共サービス放送の概念は多種多様な視聴者の趣味・趣向・多様な少数者の関心、放送人の自由と独立、国家利益の奉仕者としての放送など、視聴者、国家、放送媒体、これら三者の狭間で放送活動がいかに主体的になされていくべきか、それを検討する方向で浮き彫りにされてきた概念だ」と言った("Communication Research Trends", 1987)。

ホワイトによれば、「公共サービス放送」についての議論の一つは「放送はそれを受信したいと望んでいる誰に対しても、番組提供をする義務をもつ」ということで、「普遍性」という考え方であるということだ。その「普遍性」には、番組がいたるところで視聴できるという意味での地理的意味と、すべての人の興味、関心を満たすという意味での消費者的意味がある。もう一つは、制作された個々の番組が視聴者を楽しませるのと同様、より高品質な基準を広め、教えるべきだという文化的責任という考え方である。この二つの考え方を関連づけるのは放送人がマイノリティの集団を含め、さまざまな人間の階層間の意見の食い違いを認めつつも、趣味や嗜好についての共通の財産を共有するという文化的コンセンサスの感覚をもつこと、そして政府や国家からの真の独立ということだった。

このホワイトの見解はBBCの精神的バックボーンとなっているものである。すなわち、「公共サービス放送」とは「人間生活の複雑さを反映し、議論を必要とする問題や争点を扱う事柄では多種多様な見解を提示していく」放送だということであり、そのためには「共同社会における政治的、社会的意味をよく見定め、それらに積極的にかかわっていく番組作りをしていく」ということになる(ジョン・キーン『メディアと民主主義』)。

アル・ジャジーラの放送内容とその反響

こうしたBBCの「公共サービス放送」の概念をとりいれ、かつイギリスのモデルを鏡にしたアル・ジャジーラのモットーは「一つの意見があれば別の意見もある」というものだった。そして番組内容は国内外のニュース番組、スポーツ、ビジネスの分析、ドキュメンタリー、歴史イベント、女性問題、宗教など、じつに多岐にわたる。

そのほかにCNNの討論番組「集中砲火」(Crossfire)を模したシリア人司会の「反対方向」(Opposite Direction)、クウェート出身のジャーナリスト司会の「無制限」(Without Limits)、BBCで活躍したレバノン人司会の「もう一つの意見」(More than One Opinion)といった討論番組がある。これらの番組では過去、人権問題やアラブとイスラエルの対立、ジェンダー、民主主義などが取り上げられた。とりわけパレスチナの反乱に関する討論は、パレスチナびいきの人たちのデモンストレーションに火をつけた。そして、アラブ視聴者の「公共圏」構築に貢献し、アラブ地域に関連する問題をめぐっての汎アラブ的論議を促し、いわゆるグローバル・シチズンシップ(第五章二節参照)の形成に寄与したと言われた(前掲書『アル・ジャジーラ』)。アラブ固有の問題を発掘し、グローバルな視点で論じるのがこれらの番組の特徴であった。

アル・ジャジーラのもう一つの特徴はライブ番組が多いことだった。二〇〇二年現在、視聴者参加番組やライブ参加番組は週七本。とくに欧米での視聴者参加番組が多く、そのために欧米での視聴契約者が増加している。アメリカとカナダには二〇万人以上の視聴契約者がいる。スカイ・デジタル・プラットフォームでアル・ジャジーラを視聴できるイギリスでは、アラブ系カフェやイスラムの戒律に従って殺した動物の肉を売る商店が、客のニーズに応えて衛星アンテナを購入し、受信サービスをするようになった。イギリス国内のアラブ・コミュニティの構成員の多くは難民である。彼らに共通しているのは出身国に表現の自由がないことに対する批判であったから、こうした視聴者参加番組や、その番組での討論は彼らの欲求不満のはけ口になるし、また政治的、宗教的迫害に対する怒りの発露にもなる。既出のミラディーの調査によると、イギリスの視聴者の場合、娯楽番組よりもセンシティブな政治問題や民族問題を取り扱った番組への選好度が高いということであった。

もちろん、アル・ジャジーラの放送活動には摩擦も多い。たとえば、チュニジアの首相はチュニジア国内の人権問題に関して議論するライブ番組の中止をカタール首長に要請した。モロッコ政府はアル・ジャジーラが君主制への反対運動を扇動していると非難した。クウェート政府は同国のイラクへの対応をアル・ジャジーラが批判したことに対する不快感を示した。バーレーン政府は二〇〇二年五月の同国の選挙報道をアル・ジャジーラが行うことを禁じた。その理由はアル・ジャジーラがイスラエル寄りでバーレーンに対して偏見をもっているということだった。エジプト政府も同国の人権侵害問題を取り上げたことに対して「アル・ジャジーラは摩擦、敵意、不安定要素をアラブ諸国に広めている」と批判した。

欧米主導のメディア秩序への挑戦

このように、アル・ジャジーラへの圧力はアメリカだけでなくアラブ周辺国にも及んでいる。ただ、九・一一事件とその後の状況に対するアル・ジャジーラの報道内容はアメリカ政府の忍耐を超えるものになっていたから、アメリカもその巻き返しを図らざるを得なかった。対抗してアル・ジャジーラもアラブとイスラムの世論に世界をひきつけるための闘いを実現するために、新しいメディア戦略に着手した。それは英語で放送を行うことであった(*The Media Map 2003*, CIT Publications)。

この英語放送には従来の欧米のグローバル・メディアの担い手に対する挑戦という意味が込められていたが、衛星テレビの経済学を考慮すると、予測できない不安材料を残すことにもなる。果たして世界の英語人口がアル・ジャジーラの契約者になるだろうか。そういった懸念があったにもかかわらず、二〇〇二年一二月、とりあえず英語の字幕放送を立ち上げたのはアラブの視点を世界に伝えたいという、言ってみれば既存の欧米主導の世界のメディア秩序への闘いであった。

アル・ジャジーラが世界的に有名になったのは、欧米メディアがいないところで戦争報道をしていたことによる。歴史に「もしも」の表現は禁物である。あえてそれを承知で言うと、もしも、九・一一事件が発生しなかったならば、あるいはもしも「九・一一事件を起こしたタリバンやアル・カイダ組織を匿っているから一挙にたたいてしまえ」という論理でアメリカが軍事行動に突入したアフガン戦争が勃発しなかったならば、アル・ジャジーラの影響力と勢力範囲は今日、言われるほど高まり、広がっていただろうか。

そういう疑問は残るものの、アメリカの「テロに対する闘い」に関して斬新、かつ新鮮な視点を提供したことが、このカタールの小さな衛星チャンネルを世界の衛星チャンネルに押し上げ、かつグローバルなメディア言説を豊かにしていったことは確かであった。そして、現代の情報テクノロジーの飛躍的発展は、世界の人々の同局の番組へのアクセスを容易にし、それが国際世論の形成に大きな貢献を果たしたのだが、問題はこうした新たなメディア環境に世界の唯一の超大国、アメリカが我慢できるかということである。

とくに「石油利権」に脅威を与える不安定要素が「危機」となって存在している以上(モハメド・ヘイカル著、和波雅子訳『アラブから見た湾岸戦争』時事通信社、一九九四年)、アメリカにとってアル・ジャジーラの放送活動は消していかなければならないノイズとして映るだろう。次章で紹介するイラク戦争でも、同局は二〇〇三年四月二日、ふたたび爆撃されたのである。また同局のウェブサイトにはハッカーが侵入した。

4　日本のなかのアフガン戦争

日本の新聞報道内容の分析

それではこの間の日本のマスメディアはどのような軌跡を描いて、戦争物語を作っていったのであろうか。本節では九月一二日から、その後に発生したアフガン戦争の結果、タリバン政権が崩壊し、日本ではPKO協力法の改正案が閣議決定された一一月二〇日までの『朝日』『毎日』『読売』の言論・報道内容を分析した立教大学社会学部社会学科三年次の門奈ゼミナール（参加人員一三名）の調査演習報告書『九・一一事件以降の日本のジャーナリズム―「朝日」「読売」「毎日」は事件をどう報じたか―』（二〇〇三年二月）の内容の一部を抜粋するかたちで、この国の戦争報道の一断面を紹介したい。

報告書の分析項目は前述の期間の三紙の社説、論説、解説記事の要約の紹介、そしてその間の報道記事の内容分析に大別される。とくに後者の報道内容の分析では、①「事件報道の情景描写」と題して、アメリカ、日本の国内の動向という視点から、日米政府の対応、犠牲者家族の反応、また、日本の場合、世界貿易センタービルに事務所を構える会社の反応がどのように報じられていったかの紹介と分析に収斂される。②「事件解明報道」というタイトルで九・一一事件発生の原因が過去のアメリカの世界戦略、過去のイスラムの動向との兼ね合いでどう報じられていったか、発生の原因のメカニズムについての報道分析がなされた。③「事後報道」として九・一一事件以後アフガン戦争にいたる諸々の現象を、(a)アメリカの世界戦略に関する記事、(b)アフガン戦争における戦況報道と戦場報道、(c)国連の対応、(d)英国、中国、ロシア、EU諸国の反応、(e)日本政府の動向などの項目にわけて、もっぱらそれぞれの報道内容とその主張、論説傾向が検討された。

とりわけ(e)については小項目を立て、(1)政府の対テロ・危機管理対策、(2)対米政策、(3)有事法制、自衛隊派遣問題という具合に、これらの問題に関する各紙の主張や取り扱いの問題が摘出され、分析されたが、その際には記事本数、情報の出所、そして個々の言論・報道内容の紹介がなされる。

報告書のボリュームはB4判二九九頁。作業の着手から報告書完成にいたるまでには四カ月を要した。作業は四人一組で共同執筆のかたちをとり、大学院の学生がチューターとしてアンカーを務めた。まずは作業終了後の各グループの感想を要約する。

「朝日グループ」からは「事件解明報道とは犯人の動機、つまり、なぜ？について探求した報道だと思うが、この種の報道では事件描写からアメリカの報復行動へと関心が移行してしまったため、ほとんど見るべきものがなかった」「事件発生からわずか一カ月も経たないうちにテロ特措法是非の議論が展開されていくその時間の早さに驚いた」「朝日に限らないが、日本の新聞社の海外情報の弱さを痛感した。とくに第三世界に対して情報網がないことをあらためて知った。イスラム圏の国々などの情報の少なさが目立った」「ニュース・ソースは海外の通信社に頼るものが多く、一つの問題に対して複数の情報源から情報を得ていく姿勢がない」「戦争報道では戦場での悲劇的部分を伝えることで、戦争批判の姿勢が見られた」「自衛隊問題や有事法制問題のあいまいさを批判する姿勢が見られた」などの意見が寄せられた。

「毎日グループ」からは「平和主義では弱腰の姿勢が見られる。アメリカがイスラム諸国でしている行動が反米主義を作っていると言っておきながら、アメリカ支援を目的にした周辺事態法の拡大解釈や新法制定について反対する姿勢を示していない」「日本がアメリカの報復攻撃に賛成したら、イスラム諸国での反日感情が高まるはずだ。そして現在のアメリカのように攻撃対象になる可能性があるが、それに対する言及はない」「アメリカの顔色をうかがう日本政府の立場を支持する形の報道になっていた」「事件解明報道では、アメリカの世界戦略の分析で独自の見解が示された記事がなかったが、それはこの種の問題に興味を持っていない証拠なのだろうか」「記事や論説を読んでいて、何を言いたいのか、わからなかった。それが中立的報道というものなのかもしれない」などであった。

「読売グループ」からは「一貫してアメリカの政策支持と日本の積極的な外交政策を求める内容だった。テロに対する米国主導の国際協調に日本が乗らなかったら、世界は日本抜きで動いていく↓それを避けるため小泉首相が緊急措置を打ち出したことは現実的に正しいし、米国も評価している……という具合で紙面が構成されていた」「幅広い意見を国民に伝えるという点で正しい役割を果たしたか疑問が残る」「アメリカが提供する情報をほとんど鵜呑みにして流し、ＣＩＡ情報の広告塔になっていたのではないかという疑問が残った」「ある記事の中に〝日本は戦後の反戦教育は十分されてきており、今回の有事法制適用によって日本が軍国主義にかえることはない〟というくだりがあった。しかし、国際協調という名のもと、アメリカに追随する記事しか載せていない印象を受けた」「社論を強調するだけで、なぜ、テロが起こったのかという論議はなかった」等々であった。

学生たちのこうした疑問、素朴な感想から推して測られる三紙の共通項は、①事件や戦争に関する発生の原因を追及した解明報道がなかったということ、②個々の記事や論説で披瀝された諸見解の情報源のほとんどがアメリカであったということ、そして③イスラム報道の貧困さ、である。

米メディアを主な情報源とする報道

このうち、①、②は連動した問題であった。本章二節で紹介したように、九・一一事件以後のアメリカのジャーナリズムの傾向として、「なぜ九・一一事件は発生したのか」「なぜアメリカの領土が狙われたのか」「誰がこの攻撃に対して責任をとるべきか」「なぜ政府は市民を攻撃から守れなかったか」等々への目配りのなさが指摘された。そういう傾向をもったアメリカのメディアを主な情報源とした日本の新聞報道では事件発生の原因やその延長で発生したアフガン戦争勃発の問題点を摘記する論評や記事が少ないのは当然の結果だといえる。そのことを前提として以下、各紙の言論・報道傾向をあらまし、紹介すると、以下のようである。

まず、『朝日新聞』だが、事件発生の翌日から二四日までの一三日間の傾向として、この間のアメリカ動向にふれた記事本数は四九本だった。その特徴は、一つには事件の壮絶さ、逃げ惑う人々、アメリカの愛国心の高揚を伝えるなど、読み手の感情を鼓舞する傾向にあったということ、二つには四九本の記事中、一八本がすべて米メディアを情報源とした記事であったということである。日本国内の動向については独自取材が圧倒的だが、これまた情感的で、事件が「自由社会」への挑戦であり、「民主主義社会」への攻撃であるという視点で構成されていた。この一三日間の投書内容では報復反対一五本、日本の独自外交を訴えたもの三本、平和希求、米国批判各二本、国際法廷設置の要求、話し合いの限界、テロ非難各一本、その他五本という数字であった。社説は連日掲載でタイトル数は一六本。内容はイスラムへの偏見の除去、日本の性急な安全保障政策への疑念、アメリカ主導の国際協力への疑問などであった。

同紙の九月二五日から一〇月一一日の間で目立つ情報の出所では、アメリカのＮＢＣ、ＣＮＮ、国防総省筋が圧倒的に多かったということである。それはこの間の記事動向がアフガニスタンへの攻撃に焦点をあてたものであったことに起因する。戦争開始(一〇月七日)後二日間の情報源は米メディアが中心で、散発的にイラン国営通信やシリア放送のものが使われた。戦場報道の情報源はＣＮＮ、ＡＰ通信が主であった。九月二九日の論説「米マスコミに頼りすぎるな」(大類久恵)では米メディアや公式発表を吟味したうえで報道にあたらなければならないことが訴えられた。ならば、ＣＮＮやアメリカ情報に頼ってきた九・一一事件以来の朝日報道はなんだったのかという疑問が残るが、それへの回答はない。社説傾向としてはアフガン攻撃は賛成ではないが、さりとて反対でもない。「よく考え直すことだ」「議論が必要だ」といった内容だった。この間、国内の危機管理対策にふれた記事が出てくるものの、情報源は日本政府、外務省で、独自取材による危機管理論はない。

一〇月一二日から三一日までの紙面傾向は、開戦後の状況をふまえて、アメリカの世界戦略関係四二本、国連の動向八本、その他の国の反応三六本、日本の動向九四本、日米経済に与える影響九本、社説一四本、論説四〇本、戦況報道・戦場報道九七本。この期間は日本ではテロ対策特別措置法案についての議論が浮上していたから、日本の動向九四本の内訳は、自衛隊法改正の問題四七、投稿記事三五、アメリカ対応、テロ対策への言及各六となっていた。「アメリカの世界戦略」では、アメリカの空爆作戦の意味やアフガン周辺国との協力関係にふれたもの、地上戦の拡大、タリバン政権崩壊後のあり方を模索するような内容構成だった。この時期になるとパキスタン関連記事が多くなる。大部分はアメリカ空爆への非難動向、反米デモの記事、タリバン支援の同国の動きだった。日本国内の危機管理関連記事では、海外旅行でのテロ遭遇に際しては保険金が支払われるなど、海外旅行関連の対策が目立った。社説ではテロ対策特別措置法案や自衛隊法改正案に対する疑問が提示され、早期成立反対の姿勢が貫かれた。

一一月一日から二〇日の期間ではアフガン戦争の動向とその悲劇性にふれた記事が目立ち、記事総数二四六本のうち、四一%がこの種の報道、論説で占められていた。次いで多かったのはアメリカのアフガン対応報道で全体の三一%。残りは日本国内の動き、とりわけ有事法制、自衛隊PKO問題、対テロ・危機管理関連記事だった。アフガン戦争関連では一貫して同戦争の正当性について懐疑的姿勢が見られたが、それは戦争の是非を問うといったものではなく、空爆被害への批判に収斂された内容だった。国内の動向では、この「非常時」という「どさくさ」に紛れて進む法改正の動きに警鐘を鳴らすといった内容。有事法制関連では「国民の関心の薄さ」に懸念を示す姿勢がみられた。

『毎日新聞』はどういう傾向を示していたのだろうか。九月一二日から二五日までの期間の報道傾向は事件報道ではアメリカの動向二八本、日本国内の家族の動向八本、会社の動向三本、政府の動向九本。事件解明報道では過去のアメリカの世界戦略にふれたものはなし、過去のイスラムの動向については一八本。事後報道ではアメリカの対イスラム、アフガン戦略八一本、国連対応二本、その他の国の反応一八本、日本の世界戦略四三本、日本の経済動向二〇本。投書一〇本、社説二一本、論説記事二七本だった。

個々の内容については、事件報道ではアメリカの悲劇性を情感的に訴えたものが圧倒的に多かった。日本国内の動きではテロ事件の被害家族にふれたものは少ない。政府の対応では政府の「おくやみ」発言に焦点をあてていた。イスラムの国々の歴史的背景を綴った過去のイスラム動向ではオサマ・ビン・ラディンのテロ活動を述録したものが多く、今日のイスラムの実情にふれたものはあまりみられない。「日本の世界戦略」については周辺事態法適用への危険性が述べられ、新規立法については複数の支援体制があるはずだと言うものの、具体的支援策の提示はなかった。投書は報復攻撃の姿勢を強めるアメリカへの批判が強かったが、社説ではその傾向は薄い。論説記事は多様な意見の披瀝となっていた。

九月二六日から一〇月九日の期間では、事件解明の記事がほとんどない。また、「過去のアメリカの世界戦略」を分析した記事もまったくなかった。現在のアメリカの世界戦略については対アフガニスタン、イスラム関連記事は二三本。その際の情報の出所は米メディアだった。ただし、その他の記事では独自取材のものが多かった。アメリカやヨーロッパの情報の扱いではそれらを信頼している様子がうかがわれたが、アフガニスタンからの現地メディアの情報、アル・ジャジーラの情報には疑問符がつけられ、信頼していない様子がうかがわれた。この間の社説傾向は軍事行動以外の面でのアメリカへの協調姿勢を訴え、日本の軍事行動参加や自衛隊派遣などに関する新法制定には反対の立場がとられていた。

一〇月一〇日から三一日の間ではアフガン戦争関係一七三、アメリカの動向六三、日本の動向九九、その他の国の動向九一、社説一五、論説三四、解説二〇、世論動向二一、経済動向二六本となっていた。この時期になると、世界の世論はアメリカを軸にして作られていることが強調され、アメリカの世論が世界の世論である、といった印象を与えていく。ただし、イスラム諸国やロシアがアメリカに警戒心を持っていることにもふれられる。日本関連では、たとえば「ここがポイント、テロ新法」などで有事法制に関する過去の経緯、あるいは憲法解釈についての解説記事が目立った。海外の情報源ではフリーの記者からの記事が多くなる一方、自社の支局取材、AP、ロイターなど米英通信社のものが多く使われ、アル・ジャジーラやイスラム世界からの情報はない。社説の傾向はアメリカ一国主義を見直し、世界との対話協調で、真のグローバル化を目指せ、といった内容であった。

一一月一日から二〇日の動向では、この期間が「アメリカ対タリバン」の枠を超え、世界中を巻き込んだ「アフガン戦争」へと発展し、タリバン政権崩壊という事象が重なったため、戦争報道が中心だった。報道姿勢はアフガンの悲劇を訴えたもので貫かれ、その一方でアメリカの世界戦略との絡みで、イギリス、ロシアの動きが報じられる。社説・論説の傾向としては「テロや戦争を止めるには」ということではなく、「いかに戦争を終わらせ、平和な世界の実現を急ぐことができるか」の問題に収斂されるが、さりとて具体的提案はなかった。

『読売新聞』ではどうだったろうか。九月一二日から二五日の間の記事傾向は表3のとおりである。事件の情景描写では悲劇性を訴える表現方法が採用される。事件解明報道では過去のアメリカの世界戦略にふれたものは皆無。むしろ「唯一の超大国に挑戦状、テロ組織不気味な胎動」というように、テロ集団の動向に焦点を当て、危機的状況の雰囲気を作りだす。現在のアメリカの世界戦略では、アメリカが世界各国の協力を外交の主軸にして報復開始に向けて準備を整えていくさまが連日、報道された。日本の世界戦略では、米軍後方支援のための新規立

表3　『読売新聞』9月12日から同25日の記事傾向

報道記事の種類	国	本数
事件報道	アメリカの動向	54
	日本の動向	28
事後報道	アメリカの世界戦略	123
	英・EU諸国の対応	9
	国連の対応	3
	中国・ロシアの対応	7
	パキスタンの動向	16
	その他の国の動向	15
	日本の世界戦略	31
事件以後の経済動向	アメリカの経済動向	40
	日本経済の行方	22
事件解明報道		7

〈資料〉立教大学社会学部2002年度調査演習報告書『9.11事件以降の日本のジャーナリズム―「朝日」「読売」「毎日」は事件をどう報じたか』

法、集団的自衛権に関する報道が目立つ。この間の社説傾向は集団的自衛権の行使や自衛隊派遣法制を急げ、で貫かれ、メディアが政府のテロ対策を促しているという印象を与えていた。論説傾向では評者のバラエティ傾向は見られない。

九月二六日から一〇月一一日の期間では関連記事の総計は二一〇本。内訳は事件後のアメリカの動向一一、日本国内の動き二、事件解明報道八、アメリカの世界戦略五三、国連の対応五、その他の国の反応三九、日本の世界戦略三三、経済動向一四、日本の世論傾向一〇、社説一六、論説記事一九だった。とりわけ目立つアメリカの世界戦略では開戦真近な状況にふれ、アメリカ優位、タリバン政権下での市民の苦悩を述べ、「戦争やむなし」の方向で記事が作成された。日本の世界戦略では、後方支援法案改正に言及したものが多く、その線で社説も自衛隊活動の制約緩和を訴えたものが数回続く。また、一〇月六日からはシリーズ「世界の危機・日本の責任」で湾岸の教訓を生かせ、一国平和主義を捨てよ、テロ防止体制の確立を、集団的自衛権の行使を、という論理立てで、政府の対応の遅さを批判する一方、アメリカへの協調姿勢の重要さを訴える。論説記事の執筆者もこうした線で選択され、アメリカの外交政策・アフガン政策・アフガン攻撃を支持し、新法成立や自衛隊の武器使用拡大を促す内容となっていて、意見の多様性は見られなかった。

一〇月一二日から三一日の間では戦況・戦場報道を含めてアフガン戦争報道がもっとも多く、情報源としては米ニューヨーク・タイムス、ワシントン・ポスト、USAツデー、パキスタン英字紙ドーン、英ロイター通信、米NBC、CNN、FOXテレビ、ABC放送、AP通信、イラン国営放送などだが、圧倒的に米メディアの情報が多い。この時期、英国軍も戦闘に参加するが、その情報源は英サンデー・テレグラフ、インディペンデントであった。独自取材はあまりない。社説傾向でのキーワードとして多用されたのは「法改正」「常識」という用語であったが、「常識」という用語では「読売的常識」というような意味に理解しておかなければならない。投書の傾向は同紙の論調や社説傾向を補完する内容になっていたのが特徴的で、同紙の言論傾向と異なる意見の投書は見られない。

一一月一日から一六日の間では関連記事は五一五本。最多は「アメリカの世界戦略に関する記事」が二六〇本で全体の約五〇%強であった。その内容はタリバン崩壊後のアメリカの動向や対応を分析したものである。全体的にアメリカのイスラム、アフガニスタンへの強い姿勢を報じる記事が目立った。日本の世界戦略では有事法制、自衛隊ＰＫＯ法案の動きを報じたものが多く、付随して、国内の危機管理について空港の安全対策の現状が日本政府の危機対応の問題として取り上げられる。その延長で社説では日本の積極的国際協力への参加という視点で、自衛隊の海外活動の必要性が強調された。つまりはテロへの強硬姿勢、ＰＫＯ法や憲法改正による自衛隊の海外出動への期待感が込められる内容になっていた。

日本のアフガン戦争報道の特徴

こうした三紙の傾向から日本の新聞の戦争報道の輪郭を浮かび上がらせると、アメリカの報道が自国の「愛国的ナショナリズム」を鼓舞する方向で展開されていったのに対して、日本のメディアでは「危機的状況」をあおる報道になっていたことがわかる。アメリカの場合、「愛国的ナショナリズム」は「危機的状況」を強調する裏返しとして出たが、日本では「危機的状況」が「国益」、「国家の安全」の問題との絡みで、自衛隊法の改正、有事法制、テロ対策特別措置法や憲法改正論議に結び付けられる。しかも、それが「危機」管理対策として収斂されていくのがアフガン戦争報道の特徴であった。

湾岸戦争時、海外派兵のための憲法改正論議をしてきた統一ドイツは、戦争勃発で一時この議論を中止したという。西側がこぞって戦争に突っ走り、みんなが熱くなっているときにこうした論議をするのはドイツの将来を誤らせる、というのが理由だった（『軍縮問題資料』一九九一年三月号)。

フランスの社会学者エドガール・モランは〝危機〟というものは平常時の普通の状況のなかに潜む不可視のものの存在、その力、その形態を一気に露わにするという意味で効果器であり、露呈器だと見た(浜名優美他訳『出来事と危機の社会学』法政大学出版局、一九八九年)。そして危機は「情勢がかんばしくない」とか「何もかもうまくいっていない」ときに使われる用語だと言ったが、その際の政治的キャッチフレーズは「現実を直視せよ」であった。言わば「現時的たれ」(丸山真男)ということで、既成事実への屈服が強制され、特定の政治的方向性が打ちだされる。つまりはアメリカの世界戦略に同調することが国益にかない、それが国家の安全につながるという論理で戦争物語が作られていくのであった。

物語の作成では〈説明の論理〉と〈実践の論理〉が採用される。すなわち、九・一一事件の発生からアフガン戦争にいたる道筋で発生した諸々の事象が危機的状況として説明され(説明の論理)、その危機を乗り越えるための対策が練られる(実践の論理)が、『読売』の場合は説明の論理を飛び越えて、〈実践の論理〉で「現実」のある一面だけが切り取られ、それを強調することで、最終的には自衛隊の海外出動の方向で論が展開された。一方、『朝日』『毎日』では、平和構築のための具体的シナリオが示されない。個々の事象の説明に終始した報道展開になっていたことでは、両紙は〈説明の論理〉で戦争物語が組み立てられていたことになる。だからこそ問題はそれぞれの論理の中身の検討である。

「事実」は孤立して存在するわけではない。歴史という織物は「現代」を直視し、未来に対して希望を掘り起こすための「筋書き」である。グローバリズム時代のジャーナリズムは個々の事象を世界史的文脈のなかで把握し、しかも、複雑な相互関係性のなかでそれらを批判的に考察し、未来に対して希望を掘り起こすための「筋書き」を提示していくものだと考えたい。考察の視点は〈説明の論理〉〈実践の論理〉が「対立意識の社会的表現」(長谷川如是閑)として、あるいはさまざまな価値観をもつ人間の日常生活のイデオロギーの発露として、一国の利害を超え、文字通り多元的、多層的に組み立てられているかどうかに求められよう。アメリカ情報にたよった〈説明の論理〉〈実践の論理〉ではアメリカに同調する日本政府の見解や少数エリート層の関心の焼き直しになってしまう。湾岸戦争以来、日本の戦争物語は基本的には変わっていなかったのである。

第4章
大義なき戦争の始まり
――イラク戦争――

イギリスの平和団体「ストップ・ザ・ウォー・コアリション」(反戦連合)のポスター

1　テロリズムと表現の自由

ユネスコ・マニラ会議での議論

九・一一事件がなかったら、アフガン戦争もイラク戦争も起こらなかったというのは、いまや世界の定説になっている。九・一一事件は二一世紀最初の戦争を誘発させたし、その後の国際情勢にさまざまな波紋を描いて現代の危機的状況を作ったが、「メディアと戦争」というテーマでこの事件をとらえていくと、同事件は表現の自由の問題に深刻な事態を引き起こしていたことがあらためて指摘される。アメリカはむろんのこと、各国政府が世界的規模のテロリズムと闘っていくうえで、より効果的な措置をとることを可能にするあらたな法律の制定に向け、動きだしたからであった。

そうした立法上の措置は程度の差こそあれ、深刻なテロ問題に対処するための正当性を帯びたあらたな権限を各国政府に与えていくことになったが、同時に各国政府とも、「テロリズムへの恐怖」にかこつけて、ヒステリックに人権を侵害する権限を拡大していった。

そのもっとも明瞭で粗暴な例は、法的手続きを無視した、テロリストの容疑をかけられた者の拘束、移動、裁判にかかわる問題として発生した。この問題は、アフガン戦争における戦況評価や同戦争の正当性、さらにはイスラエルとパレスチナ間の紛争、イラクなどにおける対テロリズムのための軍事的攻撃といった諸々の争点を、オープンかつ批判的に議論することを困難にさせた。しかし、その結果がイラク戦争勃発となったのだと考えると、九・一一事件以後の状況を「表現の自由」の問題とからませて検討していくことは、「戦争とメディア」のテーマの核心にふれることになるのだと思われる。そういう問題意識で、本節では「テロリズムとメディアに関するユネスコ会議」の議論を紹介したい。

この会議は二〇〇二年五月、マニラで開催された。会議の主題は「表現の自由に対する九・一一事件の影響」であった。参加したメンバーの関心は次の二つに大別された。ひとつは九・一一事件以後、焦点があまりにもテロリズム対策におかれたために、人権問題への関心が薄れたこと、もう一つはアメリカが同盟国を味方につけ、戦略的利点を得るためにさまざまな人権侵害を引き起こしてきたということだった。とくに後者の問題では表現の自由が危機的状況にあることが声高に言われたのである。

同会議でも強調されたことだが、過去、多くの国際機関や国際司法裁判所は、表現の自由や情報の自由な流れをもっとも重要な人権の一つだとみなしてきた。一九四六年、ロンドンで開催された第一回国連総会も「表現の自由は基本的人権であり……、あらゆる自由の試金石である。国連はこの目的のために捧げられる」と決議したが、それは表現の自由がその他のすべての権利を実現するための鍵となっていて、情報や意見の自由な流通が許される社会においてのみ民主主義の繁栄が可能だと国連が判断したからであった。そして、人権侵害を明らかにし、それに対抗するためにも表現の自由は欠かすことができない要素だと認識したためでもあったのだ。

この認識にそくして言えば、九・一一事件以後の状況において表現の自由への関心を高めようとする取り組みは、長期的視点からテロ問題に対処する戦略にとって重要となってくる。表現の自由に関心が向けられたとき、テロリズム発生の根本原因を究明する視点が生まれるからである。このことはテロリズムの標的になっている国々においても、また、テロリストを匿い、生みだしている国々においても共通した命題であった。

確かに、九・一一事件でテロリストが用いた手段は正当性を欠いたが、一方で、世界の貧困地域で生活する多くの人々の心に共鳴するような関心事がテロリストの動機にあったのも事実である。したがって、テロ問題への対処は近視眼的であってはならないし、それゆえに率直でオープンな議論がこの問題への対処を可能にさせると考えていかなければならない、と同会議は強調する。また、テロリズムは流言、歪曲、偏見に乗って広まっていき、情報の信頼性が低く、また正確な情報を自由に得ることができない場所において成功するから、テロリズムの温床と人権への関心の欠如、とりわけ表現の自由への関心の薄さとの間には明確な関係性があるのだと指摘した。

同会議の議論によれば、国際法において表現の自由が制限される場合は次の三つに限定される。一つは表現の自由への干渉は法律で規定されなければならないが、その場合、制定された法律に市民が自由にアクセスでき、彼らが違法と合法の境界線を明確に把握し、しかもその法律を十分理解していることが条件となる。二つには表現の自由への干渉には治安維持や国家の安全のためという正当な目的がなければならない。三つには正当な目的と言っても、それは必要最小限のものでなければならない。テロリズムに対処するためというのは正当な目的ではあるが、その目的が表現の自由に多大な影響を与える場合には、表現の自由への干渉は許されない。

反テロ法導入とメディア

ユネスコ会議があえてこう言ったのは、九・一一事件以後、米英政府がそろって世界規模のテロリズムの脅威に対処するためという理由で新法の導入を図っていったからであった。両国の新法ではテロリストの容疑をかけられた者への拘束、および裁判に付すことが盛り込まれていたが、その際、イギリスでは議会で次のような議論が「改正・反テロ法」(Anti-Terrorism, Crime and Security Bill)制定の過程でなされたということだった。

「テロリズムとの闘いは世界的なものであり、たとえどれだけアル・カイダに対して軍事的に成功が成し遂げられても、それに関連したり同情的な多くのグループがテロの脅威を起こしつづける可能性がある。わが国はテロ事件以後のアメリカの対応を支持している。そのことによってイギリスにテロリズムの標的となるリスクがもたらされるならば、われわれは対抗する意思がある。わが国の防衛と安全のために、早急により多くの専門家と非常に高い訓練を受けた機敏な軍隊を必要とする可能性がある。テロリストの脅威に対する措置の最大の焦点は、将来の行動のために特別の軍隊を設置することである」(一瀬圭司・小峰満子・徳永潤也「資料・メディアと危機管理—九・一一事件とイギリスの危機管理システム」『二一世紀社会デザイン研究』一号、立教大学大学院二一世紀社会デザイン研究科刊、二〇〇三年)

アメリカの「米国愛国法」(The USA Patriot Act)にはテロリズムの動きを傍受し、その動きを妨害するうえで必要とされる適切な手段を講じることによってアメリカを統合し、強化するための条項がある。その条項にはこの国の対テロ活動を損なう主張を行った者への入国不許可が記されていた。もしもこの条項が適用されれば、海外においても対テロリズムに関するアメリカ大統領府のアプローチの方法を批判することができないのみならず、この国の政策とその遂行への正当な批判も不可能となる。その結果、アメリカを批判する海外のジャーナリストの入国も拒否されることになる。実際、アメリカはカタールの衛星放送アル・ジャジーラの報道に関して、コリン・パウエル国務長官の名で、カタール政府に対しアル・ジャジーラの報道を管理するように要請した。また、アメリカ国内でアル・ジャジーラへの取材拒否も発生したことは前章で紹介したとおりである。

そのほかの国ではどういう動きがみられたか。二〇〇一年一二月にベラルーシで成立した対テロリズム法ではテロリズムを正当化するメディアは規制の対象になったし、また、テロ活動が行われていると判断された地域のメディアはその活動を停止させられた。インドでは「テロ攻撃を未然に防ぐうえで役に立つ」と国家がみなした情報の提供をジャーナリストが拒否すると処罰の対象になることが明示された。この規定は情報源の秘匿を事実上、不可能にさせ、その結果、調査ジャーナリズムは崩壊することになる。ネパールでも「反テロ法」と称して、国内で進行中の政治的トラブルの報道までが禁止されたが、このように、九・一一事件後、各国でとられた諸々の措置は表現の自由や情報の自由にとって最大の危機となっていたのである。

情報の公開性と戦争報道

ここ数年、世界では情報公開の原則が拡大傾向にあった。各国政府とも、市民は自分たちの代表者として政府の動向を知る権利があるとみなし、情報の自由に関する法制定を行ってきたが、そうした情報の公開性は戦争の最初の被害者にもなっていくのである。政府が軍事上の必要性を理由に秘密主義を正当化し、市民もまたそういう政府の意向を容易に受け入れ、秘密主義に対する効果的疑問をあらわさないからである。戦争状態では秘密主義の必要性を自律的に評価することはきわめて困難になる。

アメリカ政府は九・一一事件以後、機密文書の保護を強化した。文書のなかにはテロ攻撃とはまったく関係のないものまでもが含まれた。イギリスではアフガン戦争開始直後、二〇〇〇年一〇月に議会で採択された「情報自由法」の施行を二〇〇五年一月まで延期することを決定した。カナダは同時期、「情報アクセス法」(Access to Information Act)を改正し、特定記録の開示を免除する権限を法務大臣に与えていく。ブルガリアやルーマニアを含む東・中欧の諸国はＮＡＴＯ加盟の条件として秘密に関する法制定をＮＡＴＯから強制されたが、こうした諸々の動きは九・一一事件後の特徴であった。

各国とも情報の自由に関する法律では例外規定を設けている。例外規定は国家の安全を含む情報の公開を拒否するあらゆる正当な理由をすでに考慮の対象にしているから、テロが発生したからといって、法改正や法の施行延期をする必要はないはずである。それにもかかわらず秘密主義を強化するのは、戦争報道を規制する意図が背景にあるからであった。

たとえば二〇〇一年一〇月一九日、アメリカのアフガニスタン攻撃では多数の市民の犠牲者が出たが、この事実は軍によって隠され、報道されなかった。本来ならばメディアは秘密主義の必要性を訴える軍部の主張に対して、自己の職業的責任を遂行するという意味で、情報の公開性を要求していかなければならない。しかし次節でも述べるように、戦場ではどんな情報が機密に当たるのか、その選択権は軍にある。情報流通の権限は軍がもっているのだ。

ユネスコ会議では過去のそうした事例が多く紹介された。他方で、同会議はメディアの自主規制と偏見の問題にもふれた。自主規制はアメリカを支持しない者はテロリストを支持するのと同じだというアメリカ大統領府の発言のなかで発生したが、同時にそれは市民のテロへの恐怖感、イスラムへの偏見によって拡大された。メディアはこうした政府の発言や社会的風潮に妥協することによって、タブーとなるトピックスを自ら作っていったのであるが、それればかりではなかった。

メディアの自主規制と偏見

たとえばパキスタンの核兵器開発問題では、この国がアフガニスタン戦争の際にアメリカ支持を打ちだしたのと引き換えに、それが不問に付されていった。そのことにメディアは言及しなかったが、こうしたメディアの妥協的姿勢はアメリカがイラクに対する軍事的攻撃を開始した時点でさらに強まるのではないかと、同会議はイラク戦争勃発にともなう表現の自由の危機的状況に一層の懸念を表明していった。

「表現の自由、メディアの自由は、九月一一日の攻撃以来さまざまなかたちで損なわれてきた。政府関係者がとった措置は、直接的には表現と情報の自由を制限し、間接的には表現の自由に対して背筋が凍るような影響をもたらしている。同様に重要なのは、多くの国々におけるメディアの自主規制と偏見という深刻な風潮である。この風潮によって市民の知る権利は、いまや否定されようとしているのである」

ユネスコ会議はこう結論づけて、イラクに対する軍事攻撃の決定が下される前にオープンな雰囲気のなかでさまざまな情報に依拠した公的討論が世界的規模で起こることの重要性を訴えた。イラク戦争が始まる一〇カ月前の二〇〇二年五月のことであった。

日本のメディアでの議論

日本ではどうであったろうか。テロ対策特別措置法が可決成立した翌日の『朝日』は「焦るな、逃げるな、高ぶるな」と題して、同法の「内実は米国の軍事行動に対する支援である」と指摘し、日本のとるべき道として「テロ撲滅は軍事力だけで果たせることではない」と強調した。『毎日』は同法の制定では「論議が尽くされたとは言いがたい」と述べ、「法の厳密、慎重な運用に努めてほしい」と主張した。『読売』は「自衛隊を派遣できる法制が整った」のだから、「実効ある後方支援に迅速に踏み出さなければならない」と言う一方、「有事法制の整備や憲法改正に関する議論を深めることも重要だ」と書いた(二〇〇一年一〇月三〇日)。

日本のテロ対策特別措置法では明示されていなかったが、自衛隊法の一部改正によって防衛庁長官には防衛秘密を指定する権限が与えられ、秘密の対象者は自衛隊員のほか、他の公務員、民間人にも及び、かつ処罰範囲を拡大し、罰則の強化が図られたから、表現の自由の問題や知る権利の問題にとっては由々しき事態であった。

たとえば、日本民間放送連盟報道委員会も指摘するように、航空基地の周辺住民への騒音被害の実態を追及するために航空機の運用状況や騒音に関する性能などを自衛隊関係者に取材した場合にも、防衛秘密を漏らすことを教唆したとされる危険性さえ起こる。安全保障の観点から一定の防衛に関する情報が秘匿されることは理解できるにせよ、秘匿の必要に関する基準や判断が防衛庁によって専断されることの弊害は大きい。さらに問題なのは、同改正法がテロ特措法と同様、人権侵害や表現の自由に規制を加え、対テロ攻撃の姿勢を強め、アフガン戦争に突入したアメリカ支援の法律であるということだった。

この事実を勘案すれば、日本でもユネスコ会議で指摘された諸問題が論じられなければならなかったはずである。それは、他国の状況にも目配りしながら世界史的文脈のなかでテロ特措法や自衛隊法の改正の意味を考えていくことである。そのことがまた、いずれ起こるであろう次の戦争物語の質を決定するのだという認識を作っていくことになるのであった。一時の感情によって出来事の解釈を行うと、戦争報道の質は下がるのである。

2　開戦前夜の動き

イラク戦争物語はどのように作られたのかを考えると、当然のことながら戦争当事国の開戦前のメディア戦略や戦争報道をするにあたってのメディア側の対応にも目配りしておかなければばならない。具体的にこれらの動きについてみていこう。

(1)米・英のメディア戦略――従軍取材システムの確立

イギリス国防省のメディア対応

まずはイギリスの動向で見ると、この国ではユネスコ・マニラ会議で表現の自由とのかかわりで、九・一一事件の影響が議論されているころ、将来、確実視される対イラク戦争を想定して「緊急時、緊張時、紛争時、戦争時のメディア対応」というテーマで、国防省内で協議が重ねられていた。その結果は『メディアに関する国防省グリーン・ブックス』(*MOD's Green Books on Media*＝B５判、本文一九頁、付録一三頁)という冊子にまとめられ、同省内に併設されている「防衛・メディア助言委員会」(Defence, Press and Broadcasting Advisory Committee)に送付された。二〇〇二年一〇月のことである。

この助言委員会は一九一二年、国家秘密法(Official Secrets Act)が制定されたときに国防省内に設けられた、国家の安全の問題に関する政府とメディア間の意見の違いの調整機関である。現在のメンバーは政府側から国防省、国家安全情報省、内務省の各次官補クラス、メディア側からは先に紹介したBBCの番組管理の総責任者、ITN(民間放送が共同出資して立ち上げたテレビ・ニュース制作会社)、スカイテレビ(マードック所有の衛星チャンネル)など、放送関係および主要日刊紙の代表者、計一七名で構成されている。議長は国防事務次官補で、そこでの議論には法的拘束力はない。もっぱら、国家の危機管理の一環として、戦時において発生するメディアと国防省間のトラブル防止を目的にして発足した機関であった。定例会議は年二回、開催される。

ここで、ナショナル・セキュリティとの関連でイギリスの危機管理システムの概略にふれておくと、この国の国家秘密法は一九一一年に制定された。同法は八九年に次の文言、すなわち「諜報機関の現・元のメンバー、またはメンバーと同様な扱いを受けた者は、それらの機関および仕事の過程で得たセキュリティに関するいかなる情報、文書、記事でも法的な許可がない限り、漏洩してはならない」ことが挿入され、今日にいたっている。

これらの諜報機関に所属する人には当然のことながら、厳しい守秘義務が課せられる。とくにメディアへの情報提供では、それが公共の利益にかなったものでも、あるいは国家の安全事項に抵触しなくても罰せられる。その一方で、これらの機関から情報提供され、それを公表したジャーナリストも、その情報が「国家の安全」に悪影響をおよぼしたと裁判所が認定した場合、刑罰の対象になるから、そうした情報に接したジャーナリストは、自主規制せざるを得ない。

だが、「国家の安全」に「悪影響」といっても、何をもって「悪影響か」の定義はできない。そのために国家とメディア側でトラブルの発生が予想される。そのトラブルを防止するという意味合いで、この国ではＤＡ条項制度(自発的自主規制制度)がある一方、たとえば湾岸戦争では第一章で紹介した「国防省情報ガイドライン」が提示された。このガイドラインはメディアや市民の反発の標的になった。そのための対応策として設置されているのが前出の助言委員会である。

さて、国防省からこの委員会に提示された「緊急時、緊張時、紛争時、戦争時のメディア対応」の序言部分は次の五項目で構成されていた。

一　英国にとって脅威となる軍事的危機、緊張状態、戦争において、国防省はメディアに正確な情報を客観的かつすばやく提供できる設備を設け、あらゆる便宜を図る。

二　緊急事態や紛争時において、紛争の背景や作戦上の対応が英国民に理解されるように、事件の正確な情報を伝えてもらうために、あらゆるレベルや現場で編集者やジャーナリストたちが平時と同様の、ありのままの情報が得られるように配慮する。

三　国内においては軍隊の動員や配置状況が説明され、その後、作戦や政局に関するその時々の最新情報を提供していくために、大臣や軍指揮官らが状況報告を行ったり、各部隊や他の施設を訪問できるよう図られる。

四　作戦が展開されている状況下にあっては、メディアへの情報提供は英国軍や同盟軍の幹部たちを通して行われる。その際、英国メディアを代表する最前線の新聞やテレビ、ラジオの記者たちにはバランスのとれた配慮が施される。

五　国防省や軍は作戦上、支障をきたさない範囲内で、また、安全上の制約が許す範囲内で、多くの便宜や情報提供ができるよう努力していく。安全のために検閲が必要とされる場合、国防省は英国ならびに同盟国の作戦および人命を守るという目的で公平なシステム作りをするように記者たちに協力を要請する。

こう述べたうえで、この冊子には九〇項目におよぶメディア対応が列記された。主だったものを紹介すると、まず、「メディア機関との初会合」という項では、次のように記されている。「危機の初期、または軍事行動が予想されるときは国防省報道担当官は随時、会見を開く。会見は危機が続いている間、適宜行われる」「会見では本冊子で概説された規定に従い、国防省とメディア双方が関心をもつ実質的、政策的議題が話し合われる。その内容はたとえば、安全性や保安上のための検閲についてであったり、メディアに提供できる諸々の便宜の質の程度、プール取材の制度、認可制度、特派員に対する国防省の支援、同盟軍を構成する国々との関係、特派員をサポートするための諸々の伝達事項などである」

「特派員に関する規定」

「安全上のアドバイス」の項では「報道担当官は安全確保のためや保安上の観点での検閲問題について、編集者と対話をしていく。安全問題では本冊子が記載する「特派員に関する規定」(別添A)が適用される。この規定は英国軍に従軍する記者の行動原理を説明している。記者には二四時間体制の相談窓口サービスが設けられているから、安全問題に関して疑問があったら、随時相談できる」と書かれていた。

ここで記される「特派員に関する規定」の特派員とは「従軍記者」を指し、精細な内容項目で彼らの戦場での位置づけ、役割が列記されていた。すなわち、⑴戦場における特派員の定義、⑵特派員の戦場でのステータス、⑶特派員の義務、⑷軍によって特派員として認定されるための手続き、⑸特派員の統制、⑹情報統制、⑺情報開示の管理、⑻報道制限、⑼特派員として認可されるための書類作成上の手続きなど微細に及ぶ。

このうち、⑶の特派員の義務では「特派員は軍のPR部門のスタッフによって認められた軍司令官の諸命令や諸条件を遵守することに同意する」ということが記されていた。

⑹の情報統制とは検閲を意味し、その場合、特派員は検閲を受けることへの同意書にサインを求められる。その同意書への記載事項は氏名、現在の職位、所属するメディアの編集長の氏名、検閲を受けた場所とその年月日を記入しなければならない。

⑼は従軍のためのエントリー・シート、いわゆる個人調書の作成手続きだが、記載事項は①氏名、②住所、③所属機関、④所属機関での地位、⑤生年月日、⑥宗教、⑦国籍(誕生時の国籍と現在の国籍)、⑧両親の国籍、既婚者の場合は配偶者の国籍、⑨パスポート・ナンバーおよび有効期間、発行場所、⑩近親者の氏名、住所、電話番号、⑪体重、髪の色、目の色、血液

型などとなっている。

特派員(従軍記者)は、軍から渡航や宿泊施設に関する援助を受ける。彼らは作戦現場、戦場ではすべて軍当局に事前の登録をしておかなければならない。登録された特派員のみ英国軍ならびに同盟軍の便宜を受けられる。具体的には作戦会議、状況報告説明会、各種の記者会見への参加、ならびに各部隊、組織への質問が可能となる。

こうした便宜を受けることができる特派員は前述したように「従軍記者」として位置づけられ、その選考は国防省が行う。とくに戦争時、前線の英国軍部隊に配属される特派員は国防省の事前の審査を受けることになる。彼らは各部隊に従軍している間は「メディア」と書かれた記章をつけなければならない。そして、管理上、配属された部隊の一部とみなされ、文書や軍服、保護道具、訓練、宿泊施設と食事を提供される。また、彼らは通信や伝達手段を彼ら自身で準備することが許され、必要に応じて国防省管轄の民間施設を通信手段として利用することができる。部隊に配属されたときは部隊所属の司令官との会見に臨むことができる。そのかわり、彼ら自身の安全のために、また、部隊の安全のために軍の規則や訓練に従わなければならない。さらに彼らは取材内容を「保安検閲」官に提出しなければならない。

ここでいう「保安検閲」とは「安全確保のための検閲」という意味で、それは「軍作戦を脅かしたり、英国や同盟国の軍人、民間人の生命を危険にさらさないため」の検閲を言う。具体的には従軍記者によって書かれた資料を綿密に調査することであって、そうした保安検閲はどこまでも軍の安全維持のためであり、軍のPR機能とは区別された。ただ、検閲を受けた後の文章表現など公表形態はメディアに一任されるが、その結果センシティブな問題が発生したときは、国防省は発表メディアに抗議することができる。ただし、罰則の規定はない。抗議を受けるかどうかはメディア側の裁量である。

このように位置づけられた従軍記者は、軍司令官の許可なくしては部隊の一員として得た作戦上の極秘情報を漏洩することはできない。また、国防省の同意なくして反戦の立場からの取材は行わない。彼らが死傷した場合、国防省は情報が確定次第、彼らの雇主に通達する。その際、近親者への連絡は雇主が行うものとする、等々が冊子には記されていた。

なお、付言すれば、(8)の「報道制限」の英文表記は、Restrictions on Reporting ではなく、Embargoes となっていた。この用語は一般的には「禁止」「抑制」と訳される。その意味は日本の記者クラブがよく用いる「報道協定」と同義語で、「協定解除までは〝報道禁止〟」ということである。それは次の四項目で構成されていた。

① 編集者や従軍記者には、作戦情報が「配信禁止情報」として与えられることがある。この情報は敵側に価値あるもので、公表できない情報であるということを前もって伝え、メディア側に資料を準備する時間を与えることだと理解されたい。

②　国防省は報道禁止を作戦上の理由以外には使わないことを約束する。報道禁止となった場合は可能な限り、いつ、どこでも短時間のうちに禁止措置の説明を行う。
③　現地のジャーナリストは、報道禁止が解除されるまでは彼らのエディターとも情報交換をしてはならないことを理解しなければならない。
④　報道禁止措置の間は各人には良識ある行動をお願いする。違反した場合は厳重に処罰され、従軍の認可を取り消されたり、あらゆる便宜供与から排除される。

アメリカ国防総省のメディア対応

「緊急時、緊張時、紛争時、戦争時のメディア対応」というこの冊子は戦争報道における取材ルールであり、湾岸戦争時の「プール取材」とほぼ同じだったが、イラク戦争ではこのルールは「エンベッド」、すなわち「埋め込み取材」と表記された。この冊子はアメリカ国防総省と綿密な打ち合わせのもとで作成された。アメリカのメディア対応はどのような内容になっていただろうか。

詳細は日本新聞協会の機関誌『新聞研究』二〇〇三年五月号が紹介しているが、その内容は⑴目的、⑵方針、⑶手続き、⑷基本原則、⑸予防接種・個人用防具について、⑹安全確保、⑺その他、などで構成された。メディアへの公表は二〇〇三年二月三日、イラク戦争勃発の一カ月半前であった。以下、その抜粋を紹介する。

⑵の「方針」では次のことが列記された(訳出『新聞研究』)。

A　軍事行動の報道に関する国防総省の方針は従軍取材により報道機関が米国の空軍、陸軍および海軍への長期および制限(ママ)を最小限に抑えたアクセスを得られるようにすることにある。われわれは他のものが報道機関に虚偽情報や歪曲情報を与える前に内容が良くても悪くても事実を伝える必要がある。報道機関を軍隊ならびにそのニュースに近づけるようにすることができるのは指揮官だけである。

B　報道機関はすべての作戦行動を理解するために、空軍、地上軍の部隊兵に従軍する。

C　従軍取材は報道機関の代表が数週間あるいは数カ月間、部隊に残ることを意味する。指揮官は必要に応じて部隊の兵員と同等の宿舎、配給物、医療情報を提供し、要求があれば軍の輸送へのアクセスや報道内容を送信する通信手段を提供する。

(3)の「手続き」では「従軍取材の機会は個々の記者ではなく、報道機関ごとに割り当てられる。どの報道機関の代表者が従軍取材にあたれるかは、それぞれに指定された連絡先で決められる」とあった。この項ではフリーランスの記者の取り扱いについても「報道機関に従軍の代表者として選ばれている場合に従軍が許可される」と明記されている。また、「指揮官は実際の戦闘状況を見る機会を与えることを保証する。記者個人の安全性を理由に戦闘地帯から記者を排除しない」と書いた。

この(3)でとくに重要なことは「報道内容に関する一般的な検閲はない」という箇所だが、これを額面どおり受け取るわけにはいかない。というのも、その前に「情報の公表は「なぜ公表するのか」ではなく「なぜ公表しないのか」を基準に考えるべきである」という文言があったり、(4)の「基本原則」で「米軍と従軍報道機関の安全のため、報道機関は定められた基本原則を守る。……基本原則の違反は、従軍の終了および中央軍管轄地域からの退去につながる」と記されていたからだった。

(4)では一九事例に及ぶ公表禁止事項が列記されていた。たとえば「情報収集活動についての情報」、「敵の電子戦の有効性についての情報」、「敵軍のカムフラージュ、防御、ごまかし、目標、直接・間接の攻撃、情報収集、セキュリティ対策の有効性についての情報」、「作戦や攻撃の内容に関する情報では〝低い〟〝速い〟などの大まかな用語が使われる」が、そのような用語の使用禁止、等々。

さらに(6)の「安全確保」では「従軍取材においては部隊の動きや戦闘準備や物資の余力、弱点」など、「センシティブ情報に接する可能性がある」が、その場合、「安全確保のための取材内容のチェックに記者が同意すれば取材を許すことがある」として、その際の安全確保の検閲、すなわち保安のための検閲は「編集に手を加えるのではなく、報道内容にセンシティブ情報あるいは機密扱いの情報が含まれていないことを確認するためにだけ行われる」と書き、その種の検閲は「作戦行動に支障をきたさないよう素早く実務的になされるもので、報道を遅らせることを目的としない」と述べた。

このように、アメリカ国防総省のガイドラインと前出のイギリス国防省の冊子の内容は表現の違いこそあれ、目的の志向性は酷似しており、また、いずれも、湾岸戦争時の「プール取材」を下敷きにして、あえて、湾岸戦争時とは異なるネーミング「エンベッド(埋め込み)取材」を採用していたことでは共通していたのである。なぜ、このネーミングが使われていったのか、その理由は三節で述べる。その前にこの時期、メディア側はどのような戦争準備をしていたのか、それについても言及しておきたい。

(2)ジャーナリストたちの戦争準備

従軍記者の軍事訓練所

ロンドンのウォータールー駅から電車で約二時間、ソールスベリー駅で下車して、タクシーに乗り、二〇分。有名な古代遺跡ストーンヘンジの周辺は一面の麦畑で人の気配はほとんどない。その一隅の木立でさえぎられたところに従軍記者の安全対策のための軍事訓練所がある。イギリス国防省の施設と装備一式を借りて運営される「生物化学兵器・電波探知法認知」訓練所だ。ブルーン・ニューテック社が経営し、社員はすべて退役軍人である。

同社は軍事・民間用の化学・生物・放射能(CBR)汚染管理のソフトウェア分野で有毒な汚

染物質への対策を迫られるさまざまな組織のニーズに対応する目的で、一九九八年に設立された。湾岸戦争以降、ヨーロッパではセルビア、クロアチア、ボスニア、ヘルツェゴビナで戦闘状態が続き、メディアも攻撃の対象になっていたことは第二章で紹介したとおりである。それ以来、ジャーナリストの死亡事件は絶えなかった。表4は国際ジャーナリスト連盟(IFJ)発表の一九九〇年以降の戦争で死んだジャーナリストの年次別数値だが、こうした事実はやがてジャーナリストの安全確保のための軍事訓練所設立の動きを加速させた。イギリスには四カ所に設立されたが、その一つが前出の機関であった。

この訓練所には設立以来、五年間で世界から五〇〇〇人のジャーナリストがやってきた。このうち、三〇〇〇人は自国、とくにBBCの関係者であった。ただ、二〇〇二年九月からイラク戦争の八カ月間での訓練者約二〇〇〇人のうち、一五〇〇人はアメリカのテレビ・ジャーナリストだった。残りはイギリス、パキスタン、インド、韓国、イスラエル、クウェート、そして日本の記者たちである。日本人記者の数は約一〇〇人。各社別の人数は表5のとおりであった。彼らはいずれもイラク戦争では従軍取材に参加していったという(ニューテック関係者談)。

訓練は半日コースと二日間コースを基調にし、それ以外に半日コースと二日コースをあわせた二・五日間コースがある。うち、半日コースは「マネージメント・コース」と称して、テレビ・プロデューサーや新聞社の編集幹部を対象にする。二日間コースが一般記者を対象にした

表4　ジャーナリストの戦争・紛争時の年次別死者数

年	1990	91	92	93	94	95	96	97	98	99	2000	01	02
人数	7	39	26	44	60	20	5	2	3	40	9	11	8

〈資料〉　IFJ, *A Survival Guide for Journalists*, March 2003

表5　安全対策のための軍事訓練各社別人数

メディア機関	人数
共同通信	1名
テレビ東京	2
日本テレビ	20
NHK	29
TBS	8
読売新聞	6
フジテレビ	23
テレビ朝日	19

〈資料出所〉ブルーン・ニューテック社
注：フジテレビだけ過去5年間の人数．その他は2002–03年(イラク戦争勃発時までの8カ月間)の人数

ものであり、その費用は一人当たり一日につき二五〇ポンド。それに訓練装備一式貸与の費用として三四九・二三ポンドが加算されるということだ。

出張訓練も可能で、日本で訓練する場合は訓練士の旅費・滞在費、装備一式の送料は別で、一人当たり一日につき四〇〇ポンドとなる。出張訓練では出張国の軍関係者の協力が必要となるから、日本の場合、防衛庁と強力関係が樹立されなければならない。目下、そのための関係樹立の交渉を非公式に進めているという。

軍事訓練の内容

訓練内容は「事故対策およびコントロール」と「汚染実態把握トレーニング」に大別される。前者では、まず「民間用緊急対応ツールの機能」と称して、気象予測にもとづいた初期予測テンプレートの作成、汚染の特定、汚染外地域の指定、地域気象データの収集、迅速な情報伝達の方法などが訓練対象となる。次に、「テロ事件に対する爆弾処理テンプレ

ートの役割」として、爆発物の被爆半径予測、有害化学物質の風下汚染予測テンプレートの作成、化学兵器の風下汚染予測テンプレートの作成などが訓練される。

後者ではさまざまな汚染物質の脅威、テロリストの武器によるものを含んだ各種の汚染物質の特徴と影響、各種の汚染物質の識別、個人装備の保護機材の取り扱い、リスク管理とその対処法、汚染除去の方法などが教授される。教授にあたっては必要なすべてのトレーニング教材と補助教材が提供されるとともに、現実にそくした演習が行われるが、そこでは継続的な演習の計画、準備、実行および検討が加えられていく。

それでは具体的にはどんな訓練がなされていくのだろうか。二〇〇二年一〇月ニューテック社が作成したフジテレビ用の訓練内容を手がかりに紹介していきたい。まずはa「装備の保管」として、戦場に向かう際のリュックサックに入れていく装備一式が確認されていく。b「CBR（放射能汚染などの）防具装備の着用」ということで、呼吸マスクの装着およびその手順の訓練を受ける。c「CBRサバイバル技術および通常手順」では、化学汚染発生時の緊急対応手順、化学物質緊急除染手順、その他の場合の緊急除染手順、呼吸マスクキャニスターの交換方法、排尿・排便および食物摂取の方法が教えられる。イラク戦争では女性記者も従軍しているので、戦場を想定した排尿・排便の訓練は重要だった。また、汚染された衣服の着替え方法も訓練に含まれる。d「危険度評価」では、汚染地域での作業前、作業時、作業後の危険度評価が提示され、有害化学物質の識別法が訓練される。e「CBR救急手当て」では、化学物質救急手当てとして、瞳孔が拡大している場合と通常の場合の手当ての仕方が教えられる。そのほか、神経ガス、痙攣《けいれん》性物質、窒息性物質、血液性物質、生物系物質などによる症状が解説され、その対応策が講じられる。そのほかに炭疽菌、ペスト菌、ボツリヌス菌、B型ブドゥ状球菌腸毒素、リシン、天然痘、有害工業廃棄物、放射能汚染などへの対応策が訓練されていく。

いずれも戦場で予想されるすべての危機対応に関するノウハウ、という意味ではジャーナリストの戦争報道への危機管理という性格をもつ諸訓練ではある。ただ、訓練は実戦を想定して行われるから、意識するとしないにかかわらず、ジャーナリストもまた、軍隊の一員という錯覚に陥っていくのは確かである。

少なくともこうした訓練からは「好戦」への緊張度は増しても、「反軍」という感情は生まれにくい、というのだ(ニューテック社関係者談)。前項で紹介した「米英のメディア戦略」と重ね合わせてここで述べてきた「ジャーナリストの戦争準備」に関する諸事実を検討していくと、現代の戦争では従軍する個々のジャーナリストは主役ではないにしろ、すでに軍や政府が描く巨大な戦争物語の登場人物の一人に組み込まれていることが読みとれよう。彼らもまた、戦争に参加している当事者なのである。

3　〝大義なき戦争〟報道の内容

メディア・イベントとしてのイラク戦争

だがイラク戦争も終わってみれば、何のための戦争であったのか、理由はいまだにわからない。開戦前、この戦争は大量破壊兵器を開発している専制君主・独裁者からイラク人民を解放するための戦争である、と位置づけられていた。したがって、戦争の最終局面では、解放戦争であったことを示すセレモニーが必要であった。それは二〇〇三年四月、サダム・フセインの銅像引き倒し作業で具体化された。その作業は各国の報道陣が滞在するバグダッドのホテルの目の前で行われたから、この戦争はコソボ戦争と同様、あらかじめ仕組まれたメディア・イベントという色彩が濃かったといえる。

ここで言う「メディア・イベント」とは何か。ダニエル・ダヤーンとエリユ・カッツの名著『メディア・イベント』(浅見克彦訳、青弓社、一九九六年)によれば、それはたとえば、テレビ視聴を促す規範によって特徴づけられる。すなわち、人々は互いにそれは絶対に見なければならないし、他のすべては二の次にしなければならないと考えてテレビの前に釘付けにされる。そして、いくつかのネットワークが一致して同じイベントを放送することによって、視聴することの価値が強調され、視聴を義務とする感覚が強められる。

ダヤーンとカッツはこうして作られるメディア・イベントを「競技型」「戴冠型」「制覇型」に分けた。そして、「競技型」ではワールド・カップから大統領選での討論会、オリンピック、議会における公聴会などを例に挙げ、それはルールに従って行われる戦いのためのイベントだと定義づけた。「戴冠型」はたとえば、王室関係者に典型的にみられる結婚式や大統領の死、国王の葬儀といったようなセレモニーがそれに相当する。「制覇型」は新しい象徴秩序を宣言する英雄のアウラ(後光)のなかで、紛争や戦争が終結する過程でみられるセレモニーだと言った。そのセレモニーでは戦いの相手に対して敵対的にふるまうだけでなく、平和的ふるまいが戦争や紛争によって被害をこうむった人々に称賛と同一化の態度を生みだすように企画される。

フセインの銅像引き倒し作業はまさにそうした意図による勝利宣言のためのイベントであった。そのイベントは歴史的なものだと喧伝され、全世界に放映され、十数億人が視聴したという。

だが、そのときホテルの前に集まった群衆は米兵を含めて、わずか二〇〇人余り。この風景を見て、バクダッドに残った日本人フリー・ランサー山本美香は「心の中で何か引っかかるんです。民衆が心の底から解放を感じたなら、数千人数万人のうねりが銅像の周りを囲んだでしょう。どうしてこれだけの人しか広場に集まらないのか」と綴った(『日刊ゲンダイ』二〇〇三年四月一一日号)。

このイベントから一週間後の二〇〇三年四月一六日付英高級紙『インディペンデント』は、一面トップで「戦争は終わった。だが、(米英両国政府は)次のような疑問に答えなければならない」と書いた。「大量破壊兵器はどこにあるか」「アル・カイダとフセインがつながっているという証拠はどこにあるか」「何人のイラク兵が殺され、傷ついたか」「何人のイラク市民が殺され、傷ついたか」「連合国兵士の犠牲は何人だったか」「連合軍は本当にジュネーブ協定を守ったか」「サダムの力は崩壊したのか」「イラク人は本当に解放されたと思っているか」「反戦同盟はどこにいったのか」「バクダッドのマーケット二つが爆破されたが、その責任は誰がとるのか」「ブッシュの言う人道上の危機とはなんだったのか」「イラク再興は果たして実現するのか、それはまたいつのことか」「戦争が始まって、世界の反戦の世論に変化があったか」「アメリカ軍はいつまでイラクに駐留するのか」等々。

同紙はこれらの疑問への回答はいまだにないと強調し、この戦争を「大義なき戦争だった」と位置づけた。

情報操作への疑惑

それから一カ月半後、この国では、イラク開戦にあたって英政府が情報操作をしたのではないかという疑念がBBCのアンドリュー・ギリガン記者によって提示された。彼は五月二九日の放送で、二〇〇二年九月に政府が発表したイラクの大量破壊兵器に関する調査報告書について「(同報告書は)草稿の段階ではイラクには差し迫った脅威がないと記されていたが、(最終段階で)政府が情報機関に圧力をかけてイラクの脅威を誇張させた眉唾ものだった」と発言した。イラク戦争終結後も大量破壊兵器が見つからず、市民の間で戦争への疑問が高まっていたときだけに、世論は沸騰した。

とくに報告書の記載内容「フセインの命令があれば四五分以内に大量破壊兵器を配備、使用できる」はイラクの脅威をこの国の市民に強く印象づけ、イギリス参戦の〝大義〟を示す根拠となっていたものであった。ギリガンはこの「四五分」情報は「政府が強引に挿入させた」もので、議会や市民を欺く背信行為だと言った。

英政府はこのギリガン・レポートを全面否定し、その一カ月後に氏名を伏せながらも「われわれは(ギリガン記者の)情報源を突き止めた」と発表した。しかも、その後、国防省幹部からのリークでマードック経営の高級紙『タイムズ』などがギリガンの情報源として国防省兵器担当顧問で科学者のデイビッド・ケリーの名をあげたことで、事態は急変した。ケリーは下院外交委員会に喚問され、そして、オックスフォード郊外の自宅近くの林のなかで自殺した。

やがて彼の死の真相を調査する独立調査委員会(ハットン委員会)が高等法院に設置された。委員長はブレア首相が任命したハットン卿で、彼は数十人の関係者を証人喚問した。そのなかには「影の首相」と呼ばれたアラスター・キャンベルやブレア首相本人も含まれていた。八月二八日午前一〇時、証言台に立った首相は「(ギリガンの)BBCの報道は事実無根で馬鹿げている。……かりにそれが事実なら自分の辞任だけではすまないだろう」と言明した。

ギリガン事件の問題点

このギリガン事件を「戦争とメディア」というテーマに絞って考えていくと、そこには二つの問題があったといえる。一つにはイラク戦争において政府はさまざまな情報操作をし、しかも同事件ではギャビン・デービスBBC理事会議長自らが証言したように「BBCに対する政府の批判はこれまでにない異常な行為だった」ということ、二つにはイラク戦争報道でもBBCは戦争報道ガイドラインを発表したが、そのガイドラインの精神に照らし合わせると、ギリガンの取材方法にも問題があったということである。

前者の張本人としてはアラスター・キャンベルの存在が浮上する。彼は第二章でも紹介したように、コソボ戦争でもメディアに協力を要請した内閣府報道戦略担当局長であった。ケンブリッジ大で修士号をとり、一時期、男性誌『フォーラム』にポルノ記事を書いていたが、やがて大衆紙『デーリー・ミラー』の記者になり、その後、同紙や姉妹紙『サンデー・ミラー』の政治担当編集者やコラムニストを歴任。マードックが創刊した大衆紙『ツデー』の政治ライター当時、労働党の党首だったニール・キノックに見出され、彼のメディア戦略の責任者に就任した。その関係でブレア政権誕生と同時に内閣府に入り、まずはブレアの私的メディア対策担当官になり、そして前記のポストに就いた。

彼はサッチャー長期政権下、内閣府報道戦略担当局長であったバーナード・インガムと同様、この国の記者クラブ制度であるロビー・システムを利用して、副首相のようにふるまい、首相の利益のために発言し、行動して「スピン・ドクター」(情報を巧みに操作する人の意)の異名をとった人物である。彼には一二人の補佐官と四人の助手がいて、メディア関連のアドバイザー、政府情報サービスのコーディネーターとしての役割が担わされた。そしてロビー・ジャーナリストとの会見の合間をぬって各省庁のシニア・クラスの広報官たちとテレビ時代を意識したもっとも効果的なメディア戦略を練っていくことが課せられた。その過程で、彼はイラク参戦に魅力をもたせる(Sexed up)ために、「四五分」の文言を挿入したという。ただし真相は藪の中である。しかし、八月二四日付『サンデー・テレグラフ』の世論調査では市民の六七%は「英政府は国民をだました」と回答した。

後者のギリガンの取材方法はどうだったか。BBCは開戦直前の二〇〇三年三月七日、アフガン戦争時と同様、戦争報道ガイドラインを発表した。内容は表現法、取材源、自主規制、専門家の寄与、死傷者情報、親族インタビュー、反対運動など一五項目に及んだ。アフガン戦争時の報道指針には「イスラム教徒への偏見や偏狭な世論をあおる放送」を戒める文言が入っていた。イラク戦争ではそれがなかったが、視聴者の利益を守り、その信頼を維持するために報道は客観的で公平・公正なものでなくてはならないとの考え方と視聴者に対する「説明責任」

を果たそうとする姿勢はアフガン戦争報道指針と同様、不変で、内容もほぼ同じであったから、ここでは紹介しない。

ただ、付言すると、ここで言う「説明責任」(アカウンタビリティ)とは「消費者への責任の明確化」ということで、「自らの活動あるいは活動しないことに対してアカウントする(責任をとる)ことのできる能力、意志、ニーズ要請」と定義される(ブリュンマー)。この類似語として英語では「レスポンシビリティ」(責任)がある。

メディア研究者デニス・マクウェールによれば、レスポンシビリティとは番組制作者がどういう社会的ニーズに応えていくかということであり、アカウンタビリティとは番組制作者が与えられた責任を履行していくにあたり、それを社会にどう説明していくかということである。すなわち、レスポンシビリティは何らかのかたちでメディアに帰属する必要な義務と責任であり、アカウンタビリティはメディアがどのようなプロセスでその義務を履行していくか、そのプロセスに関する〝説明責任〟だと位置づけられる。

つまり、アカウンタビリティはレスポンシビリティの結果として生まれる説明責任であり、もとより強制されるものではない。したがって、その「説明責任」の手段として作られるガイドラインには、法的制裁や経済的制裁を恐れて番組制作者が萎縮する効果はまったくない。こういう解釈で、ＢＢＣは各種の精細かつ膨大な番組ガイドラインをもち、公表してきた。

そのひとつ、イラク戦争報道指針もアフガン戦争時と同様、スティーブン・ウィットルが作成した。彼は二〇〇二年一一月、前節で紹介したように、国防省が「緊急時、緊張時、紛争時、戦争時のメディア対応」という冊子を作り、メディア機関に送付したのを受けるかたちで、ストラスブルクで講演し、「われわれは戦争報道では政府のことを考える余裕はない」と言った。彼はまた、「編集の独立性や番組の高潔さという点で(政府との)妥協を許さない」とも断言した。彼は、戦時下において政府が掲げる正義とは戦争遂行のための政治目標にすぎないし、また、戦争の正当化の名のもとでの諸々の価値は政治的便宜と功利的計算にもとづくアドホックな取引用語にすぎない、という見解を自身の経験知から導きだしていた。

その彼が起草したイラク戦争報道指針には「報道が一方の側の広報担当者のもとで行われているときには、そのことを視聴者に正直に伝えなければならない」とあった。情報源は複数でなければならないということだが、ギリガンはケリー一人の情報にたよってあのような放送をしたのだ。しかも、ラジオの生番組で原稿も作成せずに即興で「四五分」問題を語ったのである。報道指針は戦争前の作成であったが、ハットン委員会に呼ばれたBBCのラジオ番組の編集責任者は「(あの番組は)優れた調査報道ではあったが、不十分な情報の寄せ集めで、言葉づかいや判断に問題があった」と言った。

同委員会の報告書はこの発言のみに着目して「ギリガン報道に問題あり」として、BBCを批判したために、デービス理事会議長やダイク会長、それにギリガン自身、同局を辞めた。日本の報道ではあまり伝わってこないが、イギリスの世論はハットン報告書に激高した。それは同報告書がブレア首相の責任を不問に付したからであった。同時に政府が情報操作を行わなかった証拠を示さなかったからだが、そういう疑問は同盟国アメリカでも浮上していた。

メディア商人たちのビジネス戦略

アメリカではイラク戦争での救出劇で「勇敢な女性兵士」と米メディアによって大々的に報じられ、一躍、国民的ヒロインとなった米陸軍女性上等兵ジェシカ・リンチが二〇〇三年一一月、ABCテレビのインタビューに答えて、「軍は私を戦争のシンボルに使った。それは間違いであった」と証言し、軍の救出劇に情報操作があったことを認めた。だがそれ以上にアメリカの戦争報道で重要な問題は、戦争物語がビジネスと連動していたということであった。

開戦一週間後の三月二七日、英高級紙『ガーディアン』は「テレビの議題設定は戦争のイメージを作る」という特集記事を掲載し、アメリカのメディアがアフガン戦争時と同様、「愛国主義のジャーナリズム」を作っていると批判した。とくにテレビがそうだと指摘し、FOXテレビを例示した。同局のロゴには星条旗があしらわれ、また、アメリカ軍進撃の映像を繰り返し流すが、イラク側の犠牲者はほとんど伝えず、〝強いぞアメリカ〟といった具合に、戦争をショー化する物語の制作に余念がなかったからである。

同局は、ＡＢＣがこの戦争を「イラクとの戦い」、ＣＮＮが「イラクでの戦争」、ＣＢＳが「戦争をしているアメリカ」と命名したのに対して、アメリカ政府が名づけた「イラクの自由作戦」という呼称をピーター・アーネットを解雇したＮＢＣとともに使った。このＦＯＸテレビのオーナーが世界五三カ国でメディア事業をする前出のルパート・マードックであった。

彼は一九八八年、英エジンバラで開催された世界映像祭で「大多数の人が望む番組を提供するのが優れたテレビだ」という認識を示して、視聴率至上主義のメディア事業を行う一方、ダブル・スタンダード(二重基準)を用いてグローバル・メディアを支配してきた「メディアの商人」(ジョン・キーン)だった。たとえば、彼は毛沢東を扱ったＢＢＣのドキュメンタリー番組を彼が買収した香港のスターテレビを使ってアジア全域で放送しようとしたが、中国政府に気づかって中国を除いた地域のみの放映という姿勢をとった。

彼は商業上の損得で国籍をいかようにも変える。母国オーストラリアからイギリスへ、そしてアメリカへと変更した。将来は〝中国人〟にもなるだろうと皮肉られた(コリン・スパークス、門奈直樹「対談・国際化のなかの英日メディア事情」『世界』一九九四年一〇月号)。それはＷＴＯ加盟後の中国市場をにらんで、四〇年来、婚姻関係にあった先妻と別れ、中国人の通訳女性と再婚、二〇〇二年以降、タイム・ワーナー社とともに広東であらたなメディア事業を展開しているからであった(拙稿「最新・中国新聞事情——社会主義タブロイド紙「都市報」の行方」『新聞研究』六一八号)。

そのタイム・ワーナー社傘下のCNNの社長ワルター・イサックソンは九・一一事件以後の同社の戦争報道では二つの異なったバージョンを用意させたと発言した。ひとつはアメリカ人を喜ばせるもの、もうひとつは中東を喜ばせるもの。そして後者はCNNインターナショナルで同地に向けて発信されたということであった(R. W. McChesney "September 11 and the Structure Limitations of US Journalism")。

グローバル・メディアのオーナーたちはどこまでも商業的な観点、つまり市場の需要に応えるメディア事業を行う。マードックのFOXテレビはアメリカで「愛国主義のジャーナリズム」を形成したが、同じ彼所有のヨーロッパ全域をターゲットにしたスカイテレビ(ロンドン)は比較的、公平なイラク戦争報道を行った。この地域には同戦争に疑問をもった視聴契約者が多かったからだが(前出ニック・ウィルソン談)、さりとて、イギリスでの彼所有のメディアはブレア支持の姿勢をとり、戦争謳歌のジャーナリズム姿勢を堅持した。それは企業のビジネス・システム達成のための事業戦略のゆえであった。彼は数年来、ブレア首相に接近し、そしてメディア事業の規制緩和を実現させている。彼のジャーナリズム哲学は「政権寄りビジネス拡大」の具現化であり、現代の戦争報道はこうしたメディアの商人たちのビジネス戦略のなかで展開されているのであった。

高木徹著『ドキュメント　戦争広告代理店——情報操作とボスニア紛争』が精細に伝えるように、「演出された正義、誘導される国際世論。ボスニア紛争の勝敗を決したのはアメリカのPR企業の〝陰の仕掛け人たち〟だった」ということはイラク戦争でも指摘された。マードックなどメディア商人のビジネス戦略と彼らが作る戦争物語は重層関係をなし、しかも、そうした彼らのメディアでは公式の情報ルートが十全に活用されるのであった。

たとえば、FOXテレビは九・一一事件以降、「米国防総省から放送している」と揶揄《やゆ》されたほどだ。その手法は「現場中継」。その方が事件報道として臨場感にあふれ、インパクトが強いからであった。しかも「公式情報ルート」の活用は一見、視聴者に信頼を与えることになる。そのために各メディアはイラク戦争では米英両軍が採用したエンベッド(埋め込み)取材を最大限に利用した。

従軍取材システム採用の理由

だが、重要なことはイラク戦争では従軍記者と非従軍記者との間に極端な差別化が図られたということだ。IFJの調査では同戦争では三〇〇〇人のジャーナリストが取材活動に入り、うち六〇〇人が従軍取材に参加したという。

二〇〇三年四月三日、IFJは「(非従軍記者二四〇〇人は)戦場で容認できない差別を受けている」「IFJは彼らを擁護するし、メディアへの軍事的コントロールは許されない」という声明を出した。とくに非従軍記者が攻撃の対象になっていることに着目して、アムネスティ・インターナショナルも同様な抗議声明を発表。また、同年四月八日付英紙『インディペンデント』も「米英両軍の戦術は危険地域で従軍取材に応じないジャーナリストに弾丸を撃ち込むことだ」と書き、二重国籍をもつイスラエル人記者がフランスのパスポートをアメリカ軍に提示したところ、「フランスはこの一カ月、米国に好意を示していない」と言われて、この記者が拘束されたことを報じた。

第二章でも述べたが、現代の戦争は「価値をめぐる戦争」(ブレア首相)だと位置づけられる。価値をめぐる戦争では戦争は正当化されなければならない。イラク戦争でアメリカの新保守主義者(ネオコン)たちは「世界最強の軍事力を、海外の国民の民主化のために動員する。そして自由な社会をすべての大陸に拡大する」と言った。それは、この戦争が帝国主義戦争でないことを印象づけたかったからだ。そのためには、①作戦を短期で終わらせること、②民間人の犠牲を極力減らすこと、③解放軍として迎え入れられること、などが軍事作戦上の条件になる。したがって、単に爆撃するだけでなく、さまざまな側面からの戦略を練ってイラク兵の平和的投降を呼びかけるなど、平和的解決を望んでいることを宣伝し、一方では独裁国家の暗い一面を強調しなければならない。メディアにはそうした政府や軍当局のプロパガンダに応じた行動が要求され、その一環として、従軍取材システムが採用されたのであった。

その採用はイラク戦争が「大義なき戦争であった」ことと大いに関係があったと、ＢＢＣ制作のドキュメンタリー番組「イラク戦争報道をふりかえる」は詳しく伝えた(二〇〇三年五月二九日放映)。同番組によれば、米英両政府、ことにアメリカ国防総省には従軍記者制度を採用しなければならなかった理由が二つあったという。一つは湾岸戦争時のプール取材(代表取材)が閉鎖的だったとの批判を受けて、情報を公開していることを内外に示す必要から、多数の従軍記者を容認したこと。それは過去の戦争とはちがって国連の承認も得ておらず、イラク戦争には戦争の正当性がなかったからである。したがって戦場で起こっていることがルールにのっとっていることを示すことが重要で、そのために従軍取材システムが導入されたのだった。二つには第一章でも述べたテレビ特性を念頭においた軍当局者たちが、従軍記者の公式情報ルートによる目撃証言のインパクトやそのインパクトの価値に期待したのである。これに関連してBBCはアメリカ国防総省のワイトマン報道官に次のように語らせた。

「フセインは平気で世界を欺き、大量破壊兵器や自らの政権の残虐性に関して人々を攪乱するために意図的に情報を流す人物だ。その偽情報や誤った情報の真実を効果的に暴くためには、客観的なものの見方をする専門家が必要だった。つまりは従軍記者だ。そういうわけでわれわれは多数の記者を戦場に送ったのだ」

だが、前節で紹介したように、従軍記者には軍との密接な関係が強制された。取材者として自分を客体化することはできない。BBCはそのドキュメンタリー番組で「彼らには戦争の全体像のほんの一部しか見えなかったはずであり、それは当然だ」と言った。

アメリカのジャーナリスト、ノーマン・ソロモンはイラク開戦時、「私は報道の使命感とともに、自分たちのおかれている状況を自覚して初めて、ジャーナリストの良心が発揮されるのだと思う」と書いて、「戦争での最初の犠牲者は真実だが、次なる犠牲者は良心だ」と言った(*Media Beat*, March 20, 2003)。「大義なき戦争」では、ジャーナリストたちが戦場で何を知っているかが問題ではなく、何を伝えているかが問題である。

その際ジャーナリストには、自分たちがどういうコンテクストで戦争物語に参加しているかが問われる。ある日本人従軍記者は語った。「米軍に利用されるかもしれないから従軍しないという選択はありえない。実際に自分の目と耳で確認することに重要な意味がある」と。しかし、大事なのは自分が確認した内容の何を、どういうスタンスで報じていくか、そして政府や軍によって作られる虚構の戦時ドラマのなかで、自分たちがどんな役割を演じさせられていたのか、そうした事柄についての議論の深まりが必要である。各自の思惑はともあれ、リアリズムに徹する戦争報道の検証作業の重要さが今、あらためて指摘されるのである。

4　イラク戦争と日本の戦争物語

ところで、テレビは「イメージの鏡」と形容される。そのためにイギリスでは、BBCやITCの番組ガイドラインが特定の映像の反復使用を強く戒める。それはこうした手法が一つのイメージを作り上げ、問題を単純化させたり、そのもっとも興味深い側面を感傷で曇らせ、登場する人物を粗雑な道徳的ステレオタイプのなかに押し込んでしまうからである。日本ではどうだろうか。

日本のテレビのイラク戦争報道

この国のテレビは独裁国家イラクを報じる場合、必ずといっていいほどバックの映像にサーベルを振りかざす権力者フセインのシーンを使う。同じ独裁国家の北朝鮮を映しだす場合でも同様だ。視聴率を気にするワイドショーやバラエティ番組では、金正日を歓呼して迎える群衆を見下ろすかのように、雛壇《ひなだん》から手を振る彼の姿を繰り返し流すが、こうした手法には送り手の主観がすでに入っていて、物事の全体像をゆがめてしまう効果をもつ。

イラク開戦時、フセインの演説は通信網を断たれた軍幹部への暗号ではないかと語られたり、フセインやイラクの高官たちの死亡説がセンセーショナルに報じられたり、悲壮感や現実味を欠いた映像の奇妙さが繰り返し流されたのも、こうした日本的なテレビ物語の延長線上でイラク戦争報道が作られていた証左であると理解される。

しかも、第一章でも述べたが、「イメージの鏡」としてのニュース番組が描きだす世界は実に危険な世界である。いくらキャスターが気取って皮肉なコメントをしてみても、テレビの世界では正確さよりも速さが競われる。放映されている事実がどんなに疑わしくても検証されることなく伝えられる。魅力ある物語、競争力の強い話題づくりを意識して、出演するゲストも含めて、番組に登場するすべての人が興奮状態にあることは、映しだされる場面を文字化してみると明らかである。市民団体「放送を語る会」(代表・今井潤)が実施した「イラク戦争関連報道「ニュース三番組」比較」調査(中間報告)はその実態を鮮明にした。たとえば、開戦翌日の三月二一日のテレビ朝日「ニュースステーション」のイラク戦争報道は次のように作られた。

冒頭の字幕は「米英軍攻撃二日目・イラク南部進行」。まず、男性キャスターの「バクダッドからの映像には、昨日にまして爆発音、大きな炎、黒い煙が映しだされている。しかし、アメリカは本格的な攻撃はまだこれからだと言っている」という声が流れる。

次いで女性キャスターが「バクダッドでは米軍がフセイン、政権幹部に的を絞って空爆。クウェートに展開の地上軍は国境を越えてイラク領内に進撃」と語る。

そして、場面は「イラク攻撃二日目ダイジェスト」に変わった。そこでは夜のバグダッド、進撃する戦車部隊がCNNの映像で流される。字幕は「第二次攻撃開始、巡航ミサイル、攻撃機」。この間、女性キャスターの「空爆の第二波はきょう午後三時頃。大統領宮殿などに巡航ミサイル。イラク側はフセインは無事と」「バスラ周辺では戦闘があったが、全体的にイラク軍の抵抗は小規模、南部ではイラク兵の一部が投降」という音声が聞こえる。

そして、「日本では深夜国会・小泉答弁」という具合に、彼の「アメリカは日本にとってかけがえのない同盟国。日本も同様でありたい」が紹介された。ペンタゴン会見・マイヤーズ参謀本部議長の「作戦成功のためには準備段階の攻撃必要」、ラムズフェルド国防長官の「〝イラクの自由〟作戦は今後もっと大規模に。イラク兵は投降せよ」の発言も伝えられた。

次いで南部油田の火災シーンに移り、ふたたび同長官の「イラク人民の財産破壊は犯罪だ」という声が流される。そして「イギリス参戦」の字幕スーパーで英軍機が映しだされる。その場面でブレア首相の発言「今こそ団結して軍を送ろう」が紹介され、引き続いてサブタイトル「空爆、地上戦、油田炎上、投降兵」で、夜間進撃する戦車部隊(FOX映像)、炎上する大統領宮殿、病院のけが人(アル・アラビア映像)、イラク閣議の模様などが放映された。この間、リポーターの「まさに戦場は目の前……」「三八人けが、四人死亡した模様」の声が流れる。放送開始から一一分三七秒が経過した。

同日、同時刻放送のNHK「ニュース10」はどういう構成になっていたか。配列順は①タイトルバック、②メインタイトル「イラク攻撃」、③「米軍同行取材報告」、④「現地リポート1」、

⑤「現地リポート2」、⑥「現地リポート3」、⑦「まとめ」となっていた。

①では、地上砲火・戦車・投降する兵士、イラク軍幹部の映像や字幕が映しだされるとともにイラク軍幹部による「武器ある限り絶対負けない」の音声が流れる。②では米戦車の進撃・投降する兵士、B52の離陸、バグダッドの瓦礫が映しだされ、男女キャスターの「米軍はバグダッドの南二〇〇キロに」「すでにアル・ファーウ制圧」「米軍情報によれば第一撃当時、フセインらは現場に……」というコメントが付けられた。

③では「移動する米第三砲兵師団」として、同師団支援部隊の同行取材者による「米軍師団は今月中にイラクへ」「猛暑のなか、イラクの生物・化学兵器に備え防毒スーツ」という電話レポートが紹介される。④では「イラクのミサイル破片」という具合で、「米側はイラクが国連決議違反のスカッドミサイルを使用、イラク側は否定」といったNHK記者のクウェートからの中継模様が流される。⑤では「キティホークから出撃する米軍機」の映像が映しだされ、字幕「キティホーク最新情報」のもと、別の記者による「(キティホークが)衛星誘導弾などのハイテク兵器を搭載して飛びだしている」「二日目は一〇〇回の出撃予定」などが「キティホーク電話レポート」として紹介された。

⑥では「サハフ情報相会見・バグダッドの被害」の状況がもう一人の記者によってヨルダン・アンマン中継として行われた。同記者は「サハフは会見で米側の発表とちがって攻撃され

たのは民間の施設、投降兵士は金で雇われた連中と言っている」「イラク政府は各国メディアを検閲している」などと言う。

⑦では「イラク攻撃二日目のドキュメント」「拠点都市の一部制圧・投降者」「首都バグダッドへ」の字幕が映しだされる合間、映像として米軍機・巡航ミサイル・地上戦、バグダッドの病院、けが人、閣議、米英地上軍イラク南部へ、サハフ会見、油田火災などのシーンが流れるとともに、ラムズフェルド長官の「攻撃は指導部の建物が目標、フセインの最後は時間の問題」、ブレア首相の「フセインを追放、大量破壊兵器を排除」などの演説が紹介された。ここまでの放送時間は一七分五八秒。

同日のTBS「ニュース23」を配列順にそって紹介すると、メインタイトルは「この戦争の正体」であった。まずは字幕「地上戦始まる」「米作戦名〝イラクの自由〟」「そして世界では反戦の輪が」という線に沿って、地上砲火・戦車(夜)、バグダッド空爆、けが人(女性も)の映像がFOXテレビの映像を使って流される。あわせて日本でのデモ行進の模様が紹介された。

そして場面はスタジオに切り替わる。キャスターが「超大国アメリカによる帝国の戦争二日目は空爆に加え、地上戦も開始。その一方で世界各地で反戦のうねり、番組では戦争の正体をさぐる」と発言。それを受けて、三人のゲストが登場し、それぞれが「やられる前にやるなど、いくつかの妄想が積み重なった戦争」「帝国主義でなく世界規模の帝国を目指す過程での戦争」

「父ブッシュが果たせなかった夢の実現など、二つのワンマン戦争」というようにイラク戦争観を披瀝した。ふたたび、場面は戦争報道に変わる。「第二波攻撃の狙いは」「GPS誘導のハイテク兵器などが使われたという。テレビ局も被害」という字幕で、空爆下のバクダッドの映像が流れるとともに、TBS記者の「私のホテルから真上に対空ミサイル発射。航空機も真上に……」の音声が流れる。スタジオにいるキャスターの「大きな音がしたが大丈夫か」、それへの答えとして「落ちないことを祈るだけ」が流される。あわせて、サハフ情報相の「テレビ局には問題はない」との発言も紹介された。

引きつづいてワシントン支局からの報告とイラク側の反応が伝えられる。前者ではブッシュ発言が支局員によって「ブッシュは米軍はすばらしい技術と勇気をもっていると賞賛」というように紹介される。また、ラムズフェルド長官の「フセインに残された日はわずか。今後の攻撃はこれまでになかった規模に……」も伝えられた。後者ではサハフ情報相の会見模様が流れるとともに字幕「イラク国営テレビは大統領の健在をアッピール」が映しだされ、バクダッド市民へのインタビューとして「女性も殉教者になる準備。男を支えて戦う……」や「病院には多くのけが人がいる」が紹介される。また、少年の「何も見えなかった」という戦争への恐怖心が語られた。この間の放映時間は六分だった。

さて、こうして画面を文字化してみて気になるのは、主な情報源が戦争当事国の一方の側のアメリカに偏っていたということである。しかも、問題の多いFOXテレビやCNNの映像が使われていたから、日本のイラク戦争物語はアメリカの戦争遂行イデオロギーを優先させるかたちで作られていったことが浮き彫りにされる。

もちろん、これらは開戦当初の番組だ。これらの番組から日本の戦争物語の全体像を推し測ってはならないが、さりとて、初期の映像のインパクトがその後の戦争イメージを決定づけてしまうことは各種の事例研究で明らかである。

欧米偏重のニュース・ソース

翻って、新聞ではどうだろうか。立教大学社会学部社会学科門奈ゼミナールでは、アフガン戦争のときと同様、イラク戦争でも、この国の新聞報道の分析作業を行った。調査の対象期間は開戦の三月二〇日からフセイン政権崩壊の四月九日までの約二〇日間である。

調査報告書は本節執筆段階では完成していない。したがって詳細の報告はできないが、たとえば、この期間の戦況報道、戦場報道の情報出所の概略にふれておくと、『朝日新聞』では戦況関連記事は一五五本であった。内訳は外国メディア五七、外国通信社四二、米政府・軍二四、自社取材一七、イラク政府・軍一三、英政府・軍二本であった。ここでいう外国メディアとはFOX、ABC、CNN、NBC、BBC、アル・ジャジーラ、イラク国営テレビ、ワシントン・ポスト、ニューヨーク・タイムス、ロサンジェルス・タイムスなど。外国通信社とはAP、ロイター、AFP、クウェート通信などである。同紙の戦場関連記事数は二三〇本。内訳は外国メディア六四、外国通信社五〇、自社取材四五、米政府・軍二七、その他二二、イラク政府・軍九、英政府・軍八、日本政府五本である。「その他」は情報源不明の記事。

『毎日新聞』の戦況関連記事数は三三五本。内訳は自社取材四七、米政府・軍八〇、英政府・軍一三、イラク政府・軍三一、外国メディア九五、外国通信社六七、その他二本だった。同紙の戦場関連記事数は未集計。

『読売新聞』も未集計であるため割愛する。『日本経済新聞』の戦況関連記事本数は二〇二本。内訳は外国メディア五七、外国通信社三九、米政府・軍五一、英政府・軍二一、イラク政府・軍二三、日本政府一、自社取材一一本であった。戦場関連記事数は未集計。

これら三紙の記事総数は九二二本だった。うち、外国メディアを情報源としたものは二七三本(二九・六%)、外国通信社を情報源としたもの一九八本(二一・五%)、以下、米政府・軍一八二(一九・七%)、自社取材一二〇(一三・〇%)、イラク政府・軍七五(八・一%)、英政府・軍四四(四・八%)、その他二四(二・六%)、日本政府六(〇・七%)、というような具合である(カッコ内は比率)。

概して、日本の新聞の戦況報道、戦場報道もまた、先に例示したこの国のテレビのニュース番組と同様、圧倒的比率で欧米中心のニュース・ソースによって作成されていた。未集計分を加味すると、その傾向は一層、際立つだろう。なぜ、こういう傾向が生じるのか。数ある要因のひとつとしては特派員の布置状況が考えられる。

表6は日本新聞協会加盟社の特派員の布置状況を数値化したものだ。一瞥して明らかなように、欧米偏重型の布置状況である。中東地域の少なさが目立つが、このことが日本のイスラム関連報道の貧困さを示す原因のひとつだと指摘したのはラシェル・C・プランプだった。彼は長年の滞日経験から、全国紙四紙(朝日、毎日、読売、日経)の記事分析を論文「イスラムに関する日本の新聞報道」(原題"Japanese Newspaper's Reporting on Islam")にまとめ、イギリスの著名なメディア研究誌『インターナショナル・コミュニケーション・ブルティン』二〇〇一年春季号に発表した。

問題意識は「バイアスがかかった日本のイスラム報道」。それを前掲四紙のイスラム関連記事の量的・内容分析を通じて検証した。検証の視点として、彼は、①見出しに主題が表れた頻度、②主題に対して割り当てられたスペース、③主題に関する一面記事とその他の面の記事比較、④主題に関する記事タイプ、など四点をあげ、その結論として、日本のイスラム関連報道はアメリカ政府への同調と、アメリカ政府に同調する日本政府との調和、その線にそくしてのメディア側の自己検閲の三要素から導きだされると指摘した。

表 6　各社別特派員布置状況　(2002 年 7 月現在)

国　名	朝日	毎日	読売	日経	産経	共同	時事	NHK	計
アメリカ	15	8	16	20	7	24	14	16	120
カナダ		1							1
メキシコ		1	1			1			3
ブラジル	1		1	1		1	1	1	6
英　国	4	3	7	8	1	6	6	6	41
フランス	2	1	2	2	1	2	2	4	16
ドイツ	1	1	2	4	1	2	2	2	15
チェコ			1						1
オーストリア	1	1	1	1		1	1		6
ベルギー	1	1	1	1	1	2	1	1	9
イタリア	1	1	1	1		1			5
ギリシア			1※						1
スイス	1	1	1	2		1	1	1	8
ユーゴ						1※			1
ロシア	3	2	2	2	2	3	2	4	20
エジプト	2	1	2	1	1	2	1	1	11
ケニア	1					1			2
南アフリカ		1	1			1			3
イスラエル	1	1	1			1	1	1	6
イラン	1		1	1※		1		1	5
バーレーン				1					1
インド	1		1	1		1		2	6
パキスタン		1				1※	1	1	4
アフガニスタン						1			1
ネパール		1							1
タ　イ	3	2	4	2	1	3	1	5	21
シンガポール	1		2	1	1	2	1	1	9
ベトナム	1※			1		1		1	4
カンボジア			1			1			2
マレーシア				1		1	1	1	4
フィリピン	1	1	1	1		1	1※	1	7
インドネシア	2	1	1	1		2	1	2	10
中　国	5	3	5	7	3	7	6	8	44
台　湾	1	1	1	1	1	1	1	1	8
韓　国	3	2	3	3	2	4	2	3	22
オーストラリア	1	1	1	1		1	1	1	7

〈資料〉日本新聞協会『新聞年鑑』2002-03 年版
※印：兼務など

彼は日本のイスラム報道は欧米発信の情報を手がかりにして、それを中東情勢分析の根拠にしていると強調した。そして付け加えた。「この国のエスタブリッシュメント・メディアのエリートたちの日本社会での居心地のよさは同調(conformity)、調和(harmony)、自己検閲(self-censorship)のジャーナリズム姿勢にある」と。

彼の論文は湾岸危機から湾岸戦争にいたる九〇年八月一日から九一年三月三〇日までの記事を調査対象にしていた。したがって現在では実情はちがっているかもしれない。ただ、前述したように、テレビも新聞もアメリカの情報に依拠したイラク戦争物語を作っていたのを勘案すると、この国の戦争物語の欧米偏重性を否定する材料は見つけにくいのだ。

主要各紙の紙面傾向

ここでふたたび、門奈ゼミナールの調査に戻って日本の戦争報道に言及すると、『朝日』の姿勢は、三月二一日の社説「宗教戦争にするな」の次の文言、「(米国には)戦争しなくても大量破壊兵器を廃棄させる可能性が残っていたのに、ブッシュ政権は制止を振り切るように武力行使の道を選んだ。私たちはこの戦争を支持しない」の線で貫かれていたといえる。

同紙の戦争報道では、米ブッシュ政権および日本政府への批判、欧州、国連、アラブ諸国の動向、一般市民への被害、非人道的兵器、メディアへの攻撃、戦争コストの問題などが戦争否定の立場からまんべんなく語られたが、そうした紙面傾向は投書欄にも反映した。

二〇日間の同紙のイラク戦争関連投書は七二本。うち、戦争支持六、不支持五〇、その他一六本であった。不支持五〇本の内訳は、米政府批判一二、日本政府批判一一、戦争そのものの否定二七本であった。その他ではジャーナリズム批判六本が目立った。

同様に『読売』の投書欄の傾向を紹介すると、同期間の投書掲載総数九九本のうち、イラク戦争関連投書は二二本と朝日にくらべると極めて少なかった。二二本のうち戦争肯定三、否定六、日本の戦争へのかかわり方五、その他八となっていた。戦争肯定派は北朝鮮問題との関連で述べていく。否定派は日本の戦前、戦中に思いを馳せる。否定派のなかには戦争には反対だが、さりとて反米運動はフセイン政権を利するものになるといったものもあった。その他では「戦争反対はわかるが、なぜ反対なのか理由を明示せよ」(三月二五日)、「米国批判の民主党に不安感をいだく」(同二七日)、「開戦後の日米交流に期待」(同二八日)との意見が披瀝される。

同紙の社説傾向は、イラク戦争は正当であり武力行使以外に他の選択肢はない、北朝鮮問題を抱える日本の選択の道は日米同盟をおいてないから、日米同盟を重視する現政権を支持する、というトーンになっていた。

『毎日』ではどうか。社説、論説の総計は七八本。ここであげる論説とは「記者の目」、「発信箱」、イラクの石油や経済について論じた「こう見る」、各国の情勢に関する「私の見方」、「グローバル・アイ」、「作家が語るイラク戦争」等々である。総数の内訳はアメリカ単独行動批判一五、日本政府批判一〇、イラク戦争と北朝鮮問題を絡めたもの七、世界経済にイラクの石油問題を連動させたもの七、イラクの戦後復興に言及したもの一〇、中東諸国の分析六、戦争否定七、その他一六本となっていた。

同紙の開戦当初はたとえば、社説「一刻も早く破壊の終わりを―単独行動主義の戦争にするな―」(三月二一日)、「強い米国の独走―この難題をどう解決するか―」(同二二日)、「先制攻撃戦略―色濃い「米国の秩序」志向―」(同二五日)などのタイトルでうかがわれるように、アメリカの単独行動主義批判が目立ったが、四月以降は「首都制圧作戦―戦争終結の手続きを急げ―」(四月八日)というように、戦争の早期終結を訴えるものが多かった。ただ、四月一〇日の社説「フセイン政権―独裁者が見放されていく―」で披瀝された「フセイン大統領がこの国を見捨てたと感じたとき蜂起や暴動が起こりだした」「フセイン政権への面従腹背のしたたかさが「解放軍歓迎」にも見え隠れする」という見解は、その後の経緯から判断すれば、やや的外れの感を免れない、状勢分析の困難さを示した社説であった。

こうした同紙の投書欄の傾向は戦争肯定一、戦争否定一六、日本のかかわり方五本となっていた。本数では『読売』と同じであったが、その傾向はだいぶ異なった。

この二〇日間の『日経』はどうか。同紙の社説は一一本、解説は一本、論説は二本である。他紙とくらべて少ないのは、同紙が経済専門紙であるためだと理解される。

第5章
これからの戦争報道
——残された課題——

国際ジャーナリスト連盟(IFJ)発行『ジャーナリストの安全対策』の表紙

1　ジャーナリストの安全対策——攻撃される側からの視点

戦争ジャーナリストは危険な職業

愛国心を鼓舞する方向で情報戦が展開されるとき、使われるシンボルは「正義」である。「正義」を掲げることによって、戦争は「聖戦」となる。

ジョン・ロールズは「聖戦」とは「正義」を前提とした官製暴力の肯定だと言った。それは服従の正当化であり、そうした正義を「政治的正義」と呼ぶ。だが、正義には不服従の正当化として官製暴力を否定する「市民的正義」もある（田中成明編訳『公正としての正義』木鐸社、一九七九年）。

この「市民的正義」は戦場では通用しない。ジャーナリストを市民と位置づけ、彼らがいくら「市民的正義」を謳っても、戦場ではメディアが標的になるのと同様、ジャーナリストもまた攻撃の対象となることはすでに述べた。前章の表4で紹介したが、一九九〇年から二〇〇二年に戦場で死んだジャーナリストの総数は二七四人であった。

イラク戦争ではアル・ジャジーラやアラブ首長国連邦のアブダビテレビ、イラク国営放送が標的になった。多くのジャーナリストも攻撃された。二〇〇三年四月八日、バグダッドのホテルに滞在中のロイター通信記者が米軍の爆撃で死亡した事件は知られているが、そのほかに開戦二日後の三月二二日にはオーストラリアABC放送のカメラマンや英ITNの記者二人が死んだ。同日、フランスとレバノンのカメラマンが行方不明。ベルギーのフリー・ランサーも負傷した。

繰り返して言うが、ジャーナリストは危険な職業である。ゆえにジャーナリストの戦場での安全対策はジャーナリスト本人にとっても必須の関心事であり、また、彼らの雇用主の雇用責任が問われる問題でもある。本節で紹介するのは、戦場で記者が攻撃されたり事件に遭遇することを想定して作られたセキュリティ・ガイドラインである。

IFJの安全ガイドライン

日付は定かでないが、国際ジャーナリスト連盟(IFJ)は二〇〇三年三月、『ジャーナリストの安全対策』(原題 *A Survival Guide for Journalists*)を作成し、全世界のメディア機関に送付した。それは戦争ジャーナリストのための「危機管理」のノウハウで、内容は「まえがき」「序言」に始まって、一章「敵意ある環境下で働くための諸準備」、二章「戦場と紛争地域」、三章「暴動および市民の混乱」、四章「誘拐、人質状態そして標的となるジャーナリスト」、五章「緊急時の医療救援」、六章「心的外傷後ストレス障害(PTSD)」、七章「IFJとジャーナリスト組織は何ができるか」、付録「ジャーナリスト安全対策のIFJ行動綱領」などで構成されている。B5判一三五頁の大作だった。

言うまでもなく、弾丸が飛び交う事態が発生したら、安全の保障はない。ジャーナリストは誤爆に遭遇したり、意図的に攻撃されることもある。すでに紹介してきた戦争で、多くのメディア関係者は銃弾や砲弾、長距離迫撃砲などで殺された。そうしたなか、危険を恒常的に察知し先を読む力があればあるほど、ジャーナリストは危害から身を守ることができ、生き残れる可能性も高められる。

ジャーナリストの最大の防御は、彼らの危機意識のなかにある。戦闘エリアでの戦闘員の思考を理解し、使われている武器の特性や能力を把握することによって、ジャーナリストは自らの危険度を低めることができる。リスクを常に判断し、また、危険地域からすばやく逃げる方法を見出す能力を身につけておかなければならない。そのためには頭のなかに地図を描き、地理的状況や戦争状態の軍事的意味も理解しなければならない。戦闘地域におけるすべての人がそうであるように、最悪の状況を念頭におかなければならない。戦争では安全ということはありえないからである。

ＩＦＪはこのことを執拗に強調した。とくに二章「戦場と紛争地域」では、①戦闘員へのジャーナリストの対応、②従軍取材か単独取材か、③戦場で標的になる場合、④武器に対する知識、⑤安全な移動、⑥護送、⑦検問、⑧避難、⑨戦闘地域での常識、⑩戦闘後、⑪地雷地帯、など戦場での危機的状況への個別対応の仕方を分類して記した。

①については次のように言及する。

「兵士や軍人はジャーナリストに懐疑的だ。にもかかわらず、前線部隊の隊員たちは話しかけられたり、写真を撮られるのを歓迎する。それは彼らの仕事が広く知られ、伝えられるからである。だが、軍の上官たちにとってメディアはお荷物であり、歓迎されない。上層部はジャーナリストを厄介者、軍の安全上のリスクと見ている。状況によっては軍の指揮官たちはメディアのすべて、あるいは一部を反対勢力のプロパガンダとみなし、撃つことができない〝敵〟という扱いをする」

「フレンドリーな指揮官は、ジャーナリストをうまく利用することに長けている。彼らは報道担当官を通じてプロパガンダを吹き込んだり、事実でない情報を与えたりして、知られたくない情報からジャーナリストを遠ざけようとする。攻撃的指揮官であれば、取材を拒否し、邪魔したり、ジャーナリストを撃ったりするかもしれない。民兵はメディアを金儲けの対象とみなし、金品の交換に便宜を図ったり、進んで護衛もする」

「上層部の指揮官たちは好意的に書かれた記事や放送内容の重要性、民間人の死や殺害への非難を避けることの重要性を心得ている。検問所には、若くて装備や訓練が不十分で、怯えた新兵が配置されるが、彼らはそこで起きている事件について主観的で短絡的な意見をもっているから、取材の対象にはならない。彼らはジャーナリストやメディアを脅したり、何かをとりあげたり、あるいは発砲することを合理的で正当な行為だと教えられている。したがって、そういう彼らの行動様式も戦場では知っておく必要がある。また、軍隊の士気、規律、態度にも精通していなければならないし、軍人たちとの間で人間的摩擦が生じた際にはうまく彼らをなだめるための調整能力や処世術を身につけておくことが肝心だ」

②については次のように述べる。

「従軍取材の場合、記者たちはその軍隊と同列にみなされ、攻撃の対象となる。また、従軍取材をする限り、軍の命令に従わなければならない。もしもある部隊が敵の砲火を浴びたら、軍は自分たちの仲間の身の安全を守ることを優先する。ジャーナリストのことは考えない。新米の兵隊や職員には意思決定能力はないから、もしもある兵士が同行取材に割り当てられたならば、その兵士が上級レベルの兵士かどうかを確認した方がよい」

「もしも戦場で単独で取材するならば、自分がどこにいるか、そしてさまざまな軍がどこで作戦に当たっているかを事前に知っておかなければならない。自分が攻撃の対象とならないと思われるときにのみ、土地勘のある人と取材旅行をする。その際、必ず自分がメディア関係者だと証明するものを持参すること。車の側面や屋根に大文字で〝メディア〟とか〝報道〟と書いていているジャーナリストもいるが、そう書く前に本当にそうした行為が危険防止にとっての有効策かどうか確認しなければならない。そうした行為が逆にターゲットになることを招く場合もあるから、むしろ、身分を証明するものをもつ方が大事だ」

③では戦場で標的になる場合、次のどれかが考えられる、として、(一)間違った時間に間違った場所にいたため(運が悪かった)、(二)軍事的脅威と誤って認識されたため、(三)ジャーナリストであるがため、の三点をあげ、以下のように綴った。

「軍人に見えるような格好をしないほうがいい。上下異なる色合いの服、軍服でない服を着ること。テレビカメラは武器と見まちがえられる。撮影時の姿勢は攻撃態勢と誤解される」

④ではさまざまな武器についての射程距離や能力などの基本的知識は生死の分かれ目になるということが強調され、ピストル、小型ライフル、半自動の武器、速度の速い武器、戦車の砲弾距離、マルチロケットランチャーの射程距離などの知識をもつことが説かれる。

⑤は次のように書く。

「紛争地域では誰とどのように移動するかを考えることが重要だ。単独で移動するジャーナリストは皆無に等しい。虚勢を張って強がっている者たちとは一緒に行動しないこと。車に乗るときは車体の上ではなく、中に入ろう。閉じ込められないように4ドア車がいい。シートベルトは着用すること。戦闘地域での車の最大の危険は、道路上の交通事故である」

⑥についてはこう言う。

「軍の護送部隊は厳格なルールをもっている。各車両は連絡を取りあい、敵の攻撃を瞬時に知ることができ、武装している。ジャーナリストの護送の場合、同じ方向に向かって複数台の車が連なって移動するが、軍関係者は移動の際、護送団の先頭と最後尾を嫌う。とくに先頭車両は道路をふさいで後続の一団を止めたり、よく攻撃される」

⑦ではこう述べる。

「検問通過は緊張の一瞬だ。検問所には民兵やゲリラ部隊が配備されていることが多い。通常の兵士でも士気や規律を失った兵であることが多い。通過の最大の目的は「安全に」である。礼儀正しく、穏やかに、衝突は避けること。聞かれたこと以外は喋らないこと。何か問題があったり、兵士が攻撃的であったら、その場をなだめるためにタバコや菓子を出すのもいいだろう。スポーツや家族の話をしたり、あるいは人間的部分に訴えるため夫や妻の写真を見せるのもいいだろう。訓練の悪い、規律の乱れた民兵に遭遇した場合の危険度は高い。やる気のない兵士、人の顔を見ない兵士、感情を表さぬ兵士にはとくに気をつけなければならない。彼らはもはや人生に何の価値も見出していない」

⑨の「戦闘地域での常識」では次のことを列記した。

(1)自信をもちすぎないこと。(2)自らの判断に責任をもつこと。(3)お土産に、と落ちているものを拾わないこと。(4)銃や武器を携行しないこと。(5)自分自身を高潔に保ち、プロフェッショナルとしての自覚を堅持すること。(6)味方の発砲の犠牲になる危険性があるので、大砲やミサイル発射を近くで見ないこと。(7)他のジャーナリストがその場を離れたら、彼らはあなたの知らない情報を握っていると考えること。(8)民間人の発言に注意を向けること。(9)混雑している道路が急に静かになったら、速やかに撤退すること。

以上の項目は概略の紹介にすぎない。記されている内容には、ジャーナリストたちの過去の経験を蓄積することと、将来勃発するかもしれない戦争に備え、ジャーナリストのあり方を問う、という意味があった。戦争ジャーナリストには経験蓄積能力と、自らを律するための強い精神力が求められるからである。

雇用主に対する安全上の義務と対策

ところで、ブリュッセルのIFJ本部に同居する国際報道安全協会(INSI)作成の「安全コード」は、主としてジャーナリストが所属するメディア機関の雇用主に対して、雇用責任の観点から安全上の義務と対策を訴えたものである。その内容はおおむね以下のようであった。

一　生命の保護と安全確保は絶対必要だ。スタッフやフリー・ランサーは題材を追って根拠のない危険を冒すことをしてはならない。戦場取材では落胆しないことだ。雇用主は危険な環境下にあるジャーナリストのために安全第一を考える義務がある。

二　戦争や危険区域への配置・配属は自発的でなければならず、経験豊かな報道関係者と行動を共にすることが重要である。雇用主は彼らが危険区域での仕事を拒否したからといって、彼らのキャリアに傷がつくようなことはしてはならない。
三　すべてのジャーナリストと報道関係者は、危険区域に着任する前に戦闘地域特有の環境と危険性を認識していなければならない。認識させるのは雇用主の義務である。
四　各雇用主は、ジャーナリストたちが配属される場所の政治的、物理的、社会的環境や条件について、最新の知識をもっていなければならない。また、個々のジャーナリストたちがジュネーブ協定やその他人道的な法律に関する重要な文書に規定されている武装紛争における国際的ルールを認識しているかを、派遣する前に確認しておかなければならない。
五　雇用主は危険区域へ着任するすべてのスタッフやフリーランス(契約記者)に対して十分な安全装備、医療、健康管理の手段を準備しておかなければならない。
六　ジャーナリストは危険地帯で勤務する場合、かならず傷害保険、死亡保険などを含む個人的な保険に加入しなければならない。その際、雇用主は正社員とフリーランスとの間で差別化をしてはならない。
七　雇用主はジャーナリストのために心的外傷後ストレス障害(ＰＴＳＤ)の克服を含めた個別のカウンセリングを受けさせなければならない。また、ＰＴＳＤがあったことを受け入れ、危険地域へ配属されるジャーナリストの家族に安否を適時報告する部門を設け、その担当者を育成する。

「安全のための一六カ条」

ＩＮＳＩはその一方で、戦場ジャーナリストの「安全のための一六カ条」を発表した。その内容は既述したＩＦＪのガイドラインと重複するが、ＩＮＳＩの場合はマニュアル的性格の内容になっていた。一六カ条すべてをここでは列記しないが、たとえばこのような項目がある。

・戦場には清潔な注射針と基本的医療器具を携行すること。血液型記録も持参すること。
・現地語、とくに外国プレスやジャーナリストに必要性が高い言葉を学んでおくこと。
・戦場での単独行動は慎むこと。移動には安全かつ信頼できる運転手を雇うこと。使用する車は無傷のものでガソリンは満タンにしておくこと。頻繁にタイヤをチェックすること。
・軍隊だと誤解されるので、目印のついた地図を携帯しないこと。
・武装したジャーナリストと行動を共にしないこと。
・ジャーナリスト以外のふりをしないこと。問われたら身元を隠してはならない。
・危険が差し迫ったとき、すぐに渡せるようタバコ、菓子類、捨て金を持ち歩くこと。
・軍服に準ずるものは着用しない。光り物、レンズのついたものは携帯しないこと。
・落ちていたり、放置された武器や弾薬は絶対に持ち帰らないこと。
・ジュネーブ協定は、戦時における傷病者、文民の保護を定めているので勉強しておくこと。

これらはいずれも戦場で生き残るためのノウハウである。本節の冒頭でも述べたように、Ｉ

FJのガイドラインやINSIの「安全コード」は、戦争ジャーナリストは「危険な職業である」という認識のもとに作成された、戦場や紛争地域における個々のジャーナリストおよび彼らの雇用主のための危機管理の基本である。ジョン・ロールズがいう「市民的正義」は戦場では通用しない。ジャーナリストは戦争物語の登場人物ではあるが、身の安全確保の問題は自己責任や雇い主の雇用責任だと、これらのガイドラインは言う。

そのために、とくにIFJは、ジャーナリストには十分な事前準備と訓練が必要であるし、高度職業人としてプロフェッショナリズムに徹することが肝心だ、そして、メディア機関は彼らが商業的利益のために危険を冒すことがないよう目配りしなければならない、と言った。

ただし、このことと、メディアがプロパガンダ攻撃の一環として故意に標的になるのとは、別問題である。現代の戦争ではジャーナリストは二重の苦悩を背負っているのであった。

2　インターネット、民主主義、メディア・リテラシー

インターネット時代の戦争報道

前節では戦争物語に登場するジャーナリストの安全対策に言及したが、本節ではその物語を見たり、読んだりする側の反応、すなわち、観客側の動向にスポットライトをあてて、インターネット時代の「戦争とメディア」につい

て考えたい。

日本でも報道されたが、イラク戦争では、開戦前から地球的規模で反戦集会が組織化された。とりわけ二〇〇三年二月一五日には六〇カ国、一〇〇〇万人が戦争反対で立ち上がった。戦争当事国アメリカでも一五〇都市で反戦デモが行われたという。

この日、ニューヨーク・マンハッタンには三八万人が結集した。英ロンドンの参加者は一〇〇万人。パリやローマでも同規模の集会が開かれた。オーストラリアでは一五万人、そして東京の渋谷には五〇〇〇人が集まった（『朝日新聞』二〇〇三年二月一六、一七日）。

やがて開戦。欧米では携帯電話業界が思わぬ特需に沸いた。テレビのないところでも戦争関連情報をキャッチしようと、携帯で情報を受信する件数が急増したからだ。たとえばイタリア最大のテレコム・イタリア・モビレ社の受信契約者は二五三〇万人だったが、開戦後の受信利用は戦前にくらべ五〇％増となった。同社はデータ・サービスを①ニュース、②娯楽（ゲームなど）、③スポーツ、④ポルノ系に分類しているが、ニュースだけが開戦後、急増し、他のジャンルは変動なしだった。英ｍｍｏ２もニュースへのアクセスが急増したという（『毎日新聞』三月三〇日）。

背景にはメディア環境がインターネット時代に入ったという事象があった。とくに二月一五日の一〇〇〇万人結集はインターネットによるものであったが、こうした時代になると戦争報道も変わらざるを得ないことは第二章のコソボ戦争でふれたので言及しない。むしろ検討しなければならないことはインターネットの民主主義システムへの影響である。

新しい公共圏の構築

今日インターネットは、民主主義のプロセスを一層進めるだろうといわれている。政治への関心者、参加者が減少傾向にあるなかで、メディア研究者の多くは新しい情報通信技術を使って政治と市民を結びつけることが可能だという。新しい情報技術を利用することで、有権者の間での討論や議論が盛んになったという現象が、欧米で現れはじめたからであった。

そういうなかで、「知識」は蓄積可能な「資本」財となり、情報は交換できる主要な商品となった。その過程で情報技術は、これまでにない民主的な行動を生じさせることを可能にした。それは、科学技術と民主主義の促進を活気づける議論を生みだすもととなった。

周知のように、インターネットは一方的なネットワークであるとともに、双方向的なネットワークである。前者はインターネット普及の初期にみられた現象だ。そのころ、インターネットは資料やテキスト、その他の情報にアクセスしようとする人のために使われた。検索エンジンやウェブのリンクは文字多重放送やビデオテクストによる検索よりも簡単にナビゲートしてくれたし、符号化の急速な発展は多様なメディアの形態や大量のデータの送信を可能にした。その結果、既存の新聞紙上で見つかりそうもない種類の情報やラジオ、テレビ番組で決して脚光を浴びそうもない情報がインターネット上では検索できるようになった。のみならず、あらゆる組織、団体の意見もウェブ上で表現可能となった。

もしも多種多様なルートからより多くの情報を準備することが民主主義の原則として求められるなら、コンピュータ・ネットワークを使って多くの公共情報を自由に手に入れるということは、新しい時代の民主主義の発展につながることになるだろう。

後者の双方向ネットワークのもっとも初期の形態はメールの交換だった。一九八〇年代に標準的なＩＰ（インターネット・プロトコル）が幅広く適用されたことで、国境を越えたメールのやりとりが可能となった。そして一九九〇年代の初頭、オンラインサービスは豊富なインターネットアクセスやメール人口を急増させた。メーリングリストやニュース・グループを利用する人も増え、今ではインターネットにアクセスできる人ならば、誰でもこれらのサービスを利用できる。その結果、Ｅメールを通じて国家の枠をこえてお互いの面識がなくても、平等の資格ですべての市民の間で意見の交換ができ民主的な議論を展開できる、という新しい公共圏が構築された。そして、組織作りのキャンペーンのためにインターネットは大きな役割を果たしていると言える。

インターネットと市民運動

イギリスには「地球の友達」(Friends of Earth)というインターネット上のグループがある。また「緑の平和」(Green Peace)というグループは国際的組織となっている。これらの組織は、組織の目的と情報の公開や伝達といったインターネットを通じたパソコンどうしのつながりのために情報通信技術を効率的に利用し、イベント情報、組織メンバーに対する手紙や細かい連絡事項、異なった組織へのリンク、オンラインメンバーどうしの結成など、膨大な情報をもって活動をしている。

インターネットの民主主義的効用はそればかりではない。たとえば各種の異議申し立ての市民運動やデモンストレーションなどで、ウェブサイトは細かい情報を提供できる。日本では話題にならなかったが、一九九九年のG8サミットと同時期に世界の主要都市で起こったNATOのコソボ戦争反対の「六・一八デモ」では、インターネット上に細かい活動情報や活動団体の電話番号、住所が記された。このデモは一〇〇%、インターネットに依存したと言われた（スティーブン・ラックス「インターネットと民主主義」）。

同時に、活動家とのEメールでの連絡や書類の受け渡し、広告と公表などでもインターネットが利用された。いまやインターネットは政治的キャンペーンの組織化にも役立ち、運動グループにとってその潜在的価値ははかりしれないのである。

「緑の平和」グループは、人権擁護や環境保護のための行動主義、環境にやさしい開発主義を訴えてインターネットの公平な利用、多数言語の使用、情報通信技術の利用について議論をする演壇の提供に努め、情報通信技術の教育的、組織的可能性の研究にも着手したという。同グループはインターネットを政治思想や政策を討議するための場とみなしたが、その典型的なかたちはEメール・ディスカッションであった。

Eメール・ディスカッションは今日では社会的に発言権のない人や社会的に不利な人、シャイな人、身体障害者、被介護者などをひきつけている。それは有権者が国会議員を選ぶ際の世論構成や政治問題についての世論形勢に貢献するし、インターネットが作りだす新たな公共圏の創造ということで、市民メディアを立ち上げる起爆剤にもなっている。

たとえば、アムステルダムで立ち上がった市民メディア「抑圧された集団と市民たち」や九・一一事件直後、ロンドンで組織化された「ストップ・ザ・ウォー・コアリション」(反戦連合)は内発的動機に支えられた市民メディアであった。とくに後者はイラク戦争時、ロンドンでの一〇〇万人の反戦集会で多大な役割を果たした。この組織は全英のすべての平和グループや学生団体、労組、文化・宗教団体、政治組織とネット上で連携し、しかも世界に反戦・平和のための情報を発信しているが、こうした傾向は現在では韓国や日本でもみられる現象だ。丸山重威「韓国の放送、インターネット、そしてメディア」(安孫子誠人主宰『マスコミ市民』二〇〇三年一二月号)や松本恭幸「市民メディアとしてのラジオの可能性」(メディア総合研究所『放送レポート』一八六号)の諸論考がそれを余すところなく伝える。

グローバル化とインターネット

ここで言う市民メディアとは市民ネットワーク、コミュニティ・ネットワークの総称である。過去、コミュニティは地理的概念で語られたが、今ではインターネットを介しての市民のための公共圏という意味をもつ。それは人々を政治運動に引き寄せる可能性をもつ新しい形式の民主主義を追求する場として機能するが、そうした公共圏思想の延長でグローバライゼーション時代のインターネットの問題を検討すると、次の議論が俎上《そじょう》に載せられる。

ジェームス・スレビンは『インターネットと社会』(原題 *The Internet and Society*, 2000)で、九六年の「インターネットに関するハーバート会議」でのアジアネットワーク研究所所長、会津泉の以下のような発言などを紹介した。

「インターネットを通して、マスメディアや大企業が注意を払わないような少数者の文化でも世界的に注目される場所を見つけだすことができる」「いくつかの発展途上国では、人々は先進国の知識や情報を吸収するだけでなく、彼ら独自の情報を他国の人と共有するためにインターネットを利用している」

会津のこの見解は、インターネットの情報源を使う能力は一様でないという問題を無視しているとはいえ(スレビン)、文化帝国主義論をのりこえる方向性を示し、注目された。

文化帝国主義論で言うグローバル化とは、世界各地の誰もがどこでもマクドナルドのハンバーガーを食べたり、誰もがどこでも最新のテレビドラマを見ることができることを指す。それは資本主義の巨大な力に対して言いなりになってしまう文化を生みだす。そうして生みだされた文化は消費者のニーズにあわせるという名目で消費者をコントロールし、訓練し、彼らの楽しみまで決定づけてしまう。

「多国間メディアと国家の発展」という論文を書いた文明批評家Ｈ・Ｉ・シラーは、こうした文化的支配のシステムの中核にアメリカがいると位置づけた。彼は、アメリカを中心とした西側諸国の産業化された文化は、人々の信念や態度、行動を左右する情報やイメージを創造し、処理し、精製し、統括する、そして、社会的実在である現実とは一致しないメッセージを巧妙に作りだし、人々の心理を操っていく、と言った。しかし、インターネットの世界的普及は、それが双方向的コミュニケーションを可能にさせた情報通信技術であるだけに、これらの文化的支配をのりこえ、会津が指摘したような諸事実を台頭させても不思議ではなかった。

たしかにアメリカの文化帝国主義は死んではいない。さりとて、インターネットの普及によって、グローバル化の真の意味は、社会的相互作用(言語をはじめさまざまな記号を媒介にして人間どうしが影響を及ぼしあうこと)が発展する過程としてとらえられる時代に入った。すなわち、「国境を越えて活動がグローバル化していくことに的を絞って考え、私たちがいかにグローバル化に積極的に参加しているか」、その動向に着目すると、「今日のグローバル化はさまざまな地域の人々を積極的に結び付けている関係」(スレビン、前掲論文)のなかで見ていかなければならない。そこで浮上するのがグローバル・シチズンシップに関する議論であった。

一般的に、「グローバル・シチズンシップ」とは「世界市民権」と訳される。それは「グローバルに考え、ローカルに行動する」権利と表裏一体の意味だ。「ローカルに行動する」とは、自分のまわりに問題をひきつけて他国の市民との連帯を深めるということである。

グローバル・シチズンシップとメディアの役割

イギリスではブッシュ大統領の「イラク戦争終結宣言」直後、義務教育終了後の全国統一試験(GCSE)受験用教材の副読本として『グローバル・シチズンシップ』と『社会の中のメディアの重要性』(pfp出版)がセットで緊急出版された。また、それぞれの教師用の指導読本も公刊されたが、そのうち、前者の『グローバル・シチズンシップ』の教師用指導読本では次のような論理構成で、現代における「世界の戦争」が語られた。

「二〇〇三年二月、アメリカ政府はかつて被ったなかでもっとも悪辣なテロリスト攻撃を受けた国として、テロリズムの恐怖からアメリカおよびその他の民主主義国を守らなければならないと強調した。同政府はイラク当局が大量破壊兵器を廃棄すべきだと主張した国連の解決策に従わなかったと言ったが、イラク政府はアメリカを脅してはいないし、九・一一事件のテロ攻撃はイラクとはなんら関係ない、と主張した。それはイラク政府が広域被害の武器の所有を否定したということであった。イラクは、アメリカがイラクを侵略する権利はない、と言った。国連は世界平和に忠実で、戦争回避に動いた。なぜ、国連はアメリカのイラク攻撃を中止させることができなかったのか、われわれはあらゆるコストをかけて戦争を回避すべきだったか、アメリカにはイラクに攻め入り、その政府を倒す権利があったのか」

教師用指導読本はこうした問題意識にのっとって「戦争」についての授業の進め方を次のように例示した。導入部では、「あなたは現在の世界の戦争について何を知っているか」を議論させる。次いで(一)「戦争の結果、どんな事態が発生しているか」を、今回の米英の軍事行動を支持するかしないか、それぞれの結論に達するまでの過程を一人一人に確認させながら、議論させる。(二)「多くの人が今回の戦争をなぜ正当視したのか」、考えられる要因を述べさせる。(三)「参戦するにはどういう手続きが必要だったか」、また「なぜ手続きが必要なのか」、それらを米英首脳の発言を引き合いに出して論じさせる。(四)「市民の抗議活動が今回の戦争にどのような影響を与えたか」を議論させる。その際、「イラク戦争が最近の戦争でなぜもっとも大規模な抗議活動を世界的に惹起させたか」、にもかかわらず「米英両政府に戦争を思いとどまらせなかったのはなぜなのか」、その理由を議論させる。(五)「イラク戦争後、世界はどうなるか」、とくに国連の役割との関連で議論させる。

この教師用指導読本でとくに注目されるのは、「アメリカのような国が自分たちの利益にこだわり、戦争中、被害に遭った人たちに何のケアもしていない」ことや「戦争は人々を極端な行動に走らせ、テロリストの攻撃を増長させる」という見方を指導の留意点として掲げたことである。その過程でマスメディアの役割への言及がなされていった。

後者の『社会の中のメディアの重要性』では「新聞写真」の章が設けられ、「戦争反対」の大判のプラカードをもって歩く少女の新聞写真を教材に使って、次の質問を生徒にし、議論が起こるように指導しなければならないことが強調された(写真参照)。

イギリスのGCSE受験用教材『社会の中のメディアの重要性』教師用指導読本(pfp出版，2003年)より

① なぜカメラマンは大人ではなく、少女に焦点を当てて写真を撮ったのか、そしてそれを新聞がなぜ掲載したのか、カメラマン、新聞社側の意図は何なのか。

② 少女の写真を見て、受け手はどのような反応、感想をもつだろうか。

③もしもプラカードをもつ少女の写真にキャプションをつけるなら、どんな内容か。
④この写真が新聞に載ったことで、デモに参加したことが少女の学校にバレてしまったことを想定してこの写真にキャプションをつけるとすると、どんな表現になるか。
⑤その結果、前のキャプションとの比較で、写真の意味がどのように変わるか。
⑥隣席の友達のキャプションと比較して、その違いを互いに議論させる。

教師用指導読本はこういう議論を通して、日常、接する新聞写真に明確な解釈を与えていくことの重要性を説いた。さらにこの指導読本は個別・具体的なニュースをケース・スタディとして取り上げて、テレビ・ニュースと新聞の調査報道の違いを検討する。また、戦争報道とは直接、関係はないが、大衆紙の快楽主義やプライバシー侵害にもふれる。そして、最終的にはインターネットの効用に言及した。そこでは既存のメディアに頼ることなく、インターネットを利用した情報の交換、意見表明が民主主義の発展に役立つことが強調され、その過程でグローバル・シチズンシップを考える手がかりとしてアムネスティ・インターナショナルやサイモン・ジョーンズ・メモリアル・キャンペーンの活動が紹介された。そこではもっぱらインターネットを使って人種差別や民族的偏見、暴力、人権、戦争の問題を「グローバルに」かつ「激しく考えていく」ことの必要性が述べられた。

ただし、その際、「われわれは言論の自由を信じる社会に住んでいるが、時に無礼な発言に出会うこともある」と言って、インターネット上の無責任な言論も戒める。

このように、「戦争」の問題はインターネット、民主主義、メディア・リテラシーの問題に重ね合わせられるが、共通のキーワードは「グローバル・シチズンシップ」であった。

オルタナティブ・メディアの可能性

論文「九・一一事件とアメリカ・ジャーナリズムの構造的限界」を書いた既出のR・W・マックチェスニーは、国際的プレス(エスタブリッシュメント・メディア)とそれに対抗するもう一つのメディア(たとえば前述した市民のネットワークに根をおろす市民メディアなど)、俗に言うオルタナティブ・メディアとでは、インターネットで調べると、テロリストおよびテロリズムに関する情報は後者の方がより多い、と指摘した。今日の複雑な世界を読みとるには、オルタナティブ・メディアは国際的プレス以上の情報源となっている、と彼はいう。近年、国際的プレスが極端な商業主義に走り、その商業的論理ゆえに、コストのかかる特派員の海外派遣を削減し、結果として国際報道の貧困を招いているからであった。

しかし、それ以上に重要なことがある。かつて、ジョージ・オーウェルが指摘したように、今日では流行しない考えを沈黙させ、それを切り捨ててしまう方向で「自由な社会の検閲」が実行されていることだった。その結果、公権力の力による統制は必要でなくなった。

しかも、外交政策が裕福で権力のある少数のエリートの手中にあるから、彼らの主張や議論をそのままレポートすると、ニュースにエスタブリッシュメント・バイアス(権力の偏見)がかかることになる。現代ではニュースの生産者として、エリートたちに情報源を求めがちだが、その傾向は日本のメディアにおいて顕著であった。

バクダッドの陥落後もイラク情勢は暗澹たる状況にある。そうしたなか、日本の政治指導者には市民がモニタリングの手段をもたない「テロに対する戦争」は天からの贈り物であったようである。テロリズム対策が感情的な戦争支持の世論を作ることを可能にさせたからだ。そのために、議会も十分な説明責任を果たすことなく莫大な予算措置を講ずることを承認した。自衛隊のイラク派遣も簡単に実現した。そして、テロリズムということで、既成のジャーナリズムも重要な問題提起をすることができる調査報道の可能性を挫けさせられている。

そうした現代の状況に、インターネットを介在したオルタナティブ・メディアの出現は、楔《くさび》を打つことができるだろうか。デジタル時代の今日、日本というこの国だけを意識することなく、グローバルな視点で現代のメディア環境を見つめていく冷静さが必要である。それはオルタナティブ・メディアの存在も含めて、多次元的、多層的なメディア環境のなかでジャーナリズムのあり方を検討する作業に発展しよう。インターネットの出現というメディア環境の変化にともなう観客意識の変容のなかでは、戦争物語も変わらざるを得ないのである。

初出原題（本書執筆にあたって大幅に補筆・修正した）

序　章　書き下ろし
第一章　「国益とジャーナリズム」（岩波書店『世界』一九九一年二月号）
「戦争・メディア・世論」（放送批評懇談会『放送批評』一九九一年六月号）
「湾岸戦争とイギリス・マス・メディア」（岩波書店『世界』一九九一年一〇月臨時増刊号）
第二章　「コソボ戦争とマスメディア」（岩波書店『世界』二〇〇〇年三月号）
第三章　「アフガン戦争とＢＢＣの挑戦」（岩波書店『世界』二〇〇二年五月号）
第四章　「戦争とメディア――イラク報道は何を残したか」（岩波書店『世界』二〇〇三年六月号）
第五章　書き下ろし

参考文献一覧（単行本のみ、資料、論文等は省く）

(欧文)

Thussu, Daya K. & Freedman, Des eds., *War and Media,* London, Sage, 2003

Herbert, John, *Practicing Global Journalism*, Oxford, Focal Press, 2001

Taylor, Philip M., *War and the Media: propaganda and persuasion in the Gulf War*, Manchester, Manchester University Press, 1992

Carruthers, Susan L., *The media at War*, London, Macmillan Press, 2000

Shaw, Martin, *Civil Society and Media in Global Crises*, London, A Cassell, 1996

Schechter, Danny, *Media Wars: news at a time of terror*, Maryland Rowman & Littlefield Publishing Group, 2003

Hargreaves, Ian, *Journalism: truth or dare?* Oxford, Oxford University Press, 2003

Allen, Tim & Seaton, Jean eds., *The Media of Conflict: war reporting and representations of ethnic violence*, London, Zed Books, 1999

Denton, Robert E. Jr. ed., *The Media and the Persian Gulf War*, Westport, Praeger Publishers, 1993

Thompson, Mark, *Forging War: the media in Serbia, Croatia, Bosnia and Hercegovina*, Luton, University of Luton Press, 1999

Iskandar, Adel & Nawawy, Mohammed El, *Al-Jazeera: how the free news network scooped the world and changed the Middle East*, Cambridge, Westview Press, 2002

Featherstone, Mike ed., *Global Culture: nationalism, globalization and modernity*, London, Sage, 1995

Glasgow University Media Group, *War and Peace News*, Milton Keynes, Open University Press, 1985

Slevin, James, *The Internet and Society*, Cambridge, Polity Press, 2000

Gauntlett, David ed., *Web. Studies: rewiring media studies for the digital age*, London, Arnold, 2000

Zelizer, Barbie & Stuart, Allan eds., *Journalism after September 11*, London, Routledge, 2002

Raboy, Marc & Dagenais, Bernard, *Media, Crisis and Democracy*, London, Sage, 1992

Morrison, David E. & Tumber, Howard, *Journalists at War: the dynamics of news reporting during the Falklands Conflict*, London, Sage, 1988

Cockett, Richard, *Twilight of Truth*, London, Weidenfeld and Nicolson, 1989

Gurr, Nadine & Cole, Benjamin, *The New Face of Terrorism: treats from weapons of mass destruction*, I. B. Tauris & Co. Ltd., 2000

Hilliard, Robert L. & Keith, Michael C., *Global Broadcasting Systems*, Oxford, Focal Press, 1996

Shankleman, Lucy Küng, *Inside the BBC and CNN: managing media organisations*, London, Routledge, 2000
Morris, Nacy & Waisbord, Silvio, *Media and Globalization: why the state matters*, Rowman & Littlefield Publishers, 2001
House of Commons, *Kosovo: the humanitarian crisis*, London, The HMSO, 1999
Wanner, Steven, *Secrets, Spies and Whisleblowers: freedom of expression and national security in the United Kingdom*, London, Article 19 & Liberty, 2000
Herbert, John, *Journalism in the Digital Age*, Oxford, Focal Press, 2000
Paletz, David L. & Schmid, Alex P., *Terrorism and the Media*, London, Sage, 1992
Brennan, Teresa, *Globalization and its Terrors*, London, Routledge, 2003
Stewart, Ian & Carrthers, Susan L. eds., *War Culture and Media*, Wiltshire, Flicks Book, 1996
Sadler, Pauline, *National Security and the D-Notice System*, Hampshire, Ashgate, 2001
Keane, John, *The Media and Democracy*, Cambridge, Polity Press, 1991

（邦文・邦訳）
アンヌ・モレリ著、永田千奈訳『戦争プロパガンダ10の原則』草思社、二〇〇二年
武田徹著『戦争報道』ちくま新書、二〇〇三年
デイビッド・ハルバースタム著、筑紫哲也・東郷茂彦訳『メディアの権力』1-3巻、サイマル出版会、

参考文献一覧

一九七九年
ポール・ゴードン・ローレン著、大蔵雄之助訳『国家と人種偏見』TBSブリタニカ、一九九五年
加藤尚武著『戦争倫理学』ちくま新書、二〇〇三年
オトフリート・ヘッフェ著、北尾宏之他訳『政治的正義』法政大学出版局、一九九四年
E・W・サイード著、中野真紀子訳『裏切られた民主主義――戦争とプロパガンダ4』みすず書房、二〇〇三年
E・W・サイード著、浅井信雄・佐藤成文・岡真理訳『イスラム報道』(増補版) みすず書房、二〇〇三年
エドウィン・M・ラインゴールド著、鈴木健次他訳『菊と棘――TIME特派員がみた日本』スリーエーネットワーク、一九九五年
ジョン・K・クーリー著、平山健太郎監訳『非聖戦』筑摩書房、二〇〇一年
E・W・サイード著、中野真紀子・早尾貴紀訳『戦争とプロパガンダ』みすず書房、二〇〇二年
マーサ・C・ヌスバウム他著、辰巳伸知・能川元一訳『国を愛すること』人文書院、二〇〇〇年
フィリップ・ナイトリー著、芳地昌三訳『戦争報道の内幕――隠された真実』時事通信社、一九八七年
ノーム・チョムスキー著、鈴木主税訳『メディア・コントロール』集英社新書、二〇〇三年
E・W・サイード著、中野真紀子訳『イスラエル、イラク、アメリカ――戦争とプロパガンダ3』みすず書房、二〇〇三年
ポール・ヴィリリオ著、河村一郎訳『幻滅への戦略』青土社、二〇〇〇年

高木徹著『ドキュメント　戦争広告代理店――情報操作とボスニア紛争』講談社、二〇〇二年
軍事同盟研究会編『知られざる戦争報道の舞台裏』アリアドネ企画、二〇〇二年
A・プラトカニス、E・アロンソン著、社会行動研究会訳『プロパガンダ』誠信書房、一九九八年
モハメド・ヘイカル著、和波雅子訳『アラブから見た湾岸戦争』時事通信社、一九九四年
ジョン・ロールズ著、田中成明編訳『公正としての正義』木鐸社、一九七九年
久保文明編『G・W・ブッシュ政権とアメリカの保守勢力』日本国際問題研究所、二〇〇三年

あとがき

本書では主にイギリスでの議論を中心に、一九九〇年代以降の戦争報道についての諸問題を検討してきたが、執筆の最終段階で、日英のメディア界の違いを考えさせる内容の資料を入手した。以下に紹介しておきたい。

一つは、イギリス放送基準評議会から送られてきた調査報告書『二四時間戦争――二〇〇三年のイラク戦争報道への視聴者の反応』(原題 *Conflict around the Clock: audience reaction to media coverage of the 2003 Iraq war*, October 2003)である。同報告書は、「大義なき戦争」と言われたイラク戦争に関する報道にこの国の市民がどのように反応したかを、メディア自身が調査し、今後の戦争報道の糧にしようとした資料である。二つめは、日本の公共放送NHKも先頃「戦争報道ガイドライン」を作成したが、そのときの「総局長会見手持ち資料」である。それを見ると、NHKの姿勢はBBCとはかなりの隔たりがあったといえる。三つめは、防衛庁が自衛隊のイラク派遣に対して各メディアへの報道自粛を求めたという新聞の報道記事であるが、イギリスと異なって日本のメディアの対応はにぶかったといえよう。

周知のように、イラク戦争は短期決戦の「インスタント戦争」と呼ばれた。しかし、ブッシュ大統領の終結宣言以後も戦闘状態はいまだに続いている。そうしたなか、イギリスのメディア界では、戦争報道の検証作業が受け手層の戦争報道への接触状況と認知的効果の両面から、既存の研究成果を取り入れながら、大掛かりで行われている。そのひとつが前掲の報告書である。背景には、この戦争が情報操作の結果、引き起こされた戦争であるという認識から、そういう戦争に参加したメディアの説明責任を果たさなければならない、という思いがあった。

その思いがあればこそ、自分たちが作った戦争物語に受け手がどのように反応したかを送り手自身が知ることは、メディアの良識を示す行為につながるものであると理解される。その良識はイギリスのメディア界では随所に見られた。たとえば、BBCが開戦に先立って一五項目に及ぶ精細な「戦争報道ガイドライン」を作成し、それを視聴者に提示したのもその表れだと見て取れる。NHKもそうしたBBCをモデルにしたのか、二〇〇三年九月、「戦争報道ガイドライン」を作成した。その内容は、IFJの安全ガイドラインを踏襲した「安全管理」の項を除くと、いずれもBBCのガイドラインを意識したものになっていたが、気になったのは発表に際して、次のようなことが強調されたことである。

「(NHKがもっている)「放送ガイドライン」は、先輩から後輩に引き継がれてきた、いわば取材・制作におけるNHKのノウハウの集大成であり、外部に公表する性格のものではなく、情報公開の対象にもしていない。このため、「戦争報道」の項目についても全文の公表は控えさせていただくが、要旨は以下のとおりである」

この文言に接し、NHKにはある種の秘密主義があるように思われた。他方、BBCにとって大事なことは公開性と透明性である。通常の「放送ガイドライン」もそうであったが、BBCは戦争のたびに作成するガイドラインをあまねく公開している。BBCは公開することによって同局の透明性を高め、それが視聴者の信頼を高める要因になっているのである。そして信頼があればこそギリガン事件でBBCを批判したハットン報告書に対して、世論は激高した。

BBCのリチャード・サンブルック報道局長はハットン報告書について、BBCのニュース部門の全スタッフに次のようなEメールを送った。

「今回の事件でわれわれはBBCの将来についていろいろな議論をしている。その際、組織としてBBCは気力を失ってはならないと心がけている。BBCは、ここ数週間以内にニュース・アカウンタビリティについての計画を発表し、視聴者により開かれた放送局になることをめざしていきたい。視聴者の関心は何を見たいか、聞きたいかにあるのではない。番組制作や報道の公開性である。心を開き、自問することが強いジャーナリズムの真髄である。われわれは強くならなければならない。それがハットンからわれわれに与えられた課題である」(二〇〇四年二月一一日)

実はこうした姿勢が市民の共感を得るのであった。

日本でも市民の共感を得られるようなメディア環境があってもいいように思われるが、こうした思いは防衛庁が提示した自衛隊派遣のための報道自粛要請についても言える。自衛隊のイラク派遣に際しての防衛庁の「安全確保」を理由とした報道自粛要請は、メディア管理という側面が強い。本書でも紹介したように、イギリスでも戦争報道ではさまざまな規制が軍から提示されるが、それはメディア側との長時間にわたる協議を経て示され、しかも、それらを受け入れるかどうかの判断はメディア側の裁量にまかされている。

日本と異なって、イギリスでは国家秘密法(Official Secrets Act)があるが、ナショナル・セキュリティの観点からメディアが国家に協力する場合があるとすれば、協力はボランティア精神(自発性)にもとづくことがこの法律には明示されている。したがって、一方的に国防省や軍当局が規制条項を提示することは、イギリスでは考えられないのである。

もしも、日本のようなことがイギリスで起こったら、メディア界はあげて反発することになろうが、その点でも日英のメディア界ではかなりの温度差があるといえようか。

この温度差はどこからくるのだろうか。イギリスでは市民階級の出現と資本主義経済の勃興による政治的自由の確立と情報需要の拡大のなかでメディアが発達した歴史をもつが、日本では近代化の促進作業が政府によって推進されたという事情から、メディアは政治権力に妥協し、統制された自由のなかで産業的に発展してきたのである。その違いが日本の場合、ジャーナリズム観の未成熟さを生み、それが受け手によるメディア不信をつのらせる最大要因になっている、と私は本書の執筆過程でたびたび思った。とくに自衛隊のイラクでの行動については第二章でも紹介したように、コソボ戦争時、欧米のメディアがNATO軍を平和維持軍、人道主義者、人道主義の支援者として人々に認識させるような描き方をしたのと同様な手法が採用されている。

さかのぼれば、私の「戦争とメディア」という研究テーマは一九九一年、二度目のイギリス留学時に突き当たる。この年の一月には湾岸戦争が発生し、一二月にはソビエト連邦が崩壊して冷戦時代は終わるが、中央ヨーロッパでは旧ユーゴスラビアで暗雲が立ち込めていた。

イギリスでは各大学や大学院で「戦争とプロパガンダ」や「戦争報道論」が正規の科目群に組み入れられ、その授業のレジュメの多くを持ち帰る過程で私のなかでこのテーマが膨らんでいった。しかし、本書が日の目を見る契機になったのは二〇〇三年六月七日、日本プレスセンターで開催されたマスコミ倫理懇談会のシンポジウム「いまマスコミに問われているもの――イラク戦争とメディア」にパネリストとして招かれたことによる。その数日後、来学された岩波新書編集部の中西沢子さんの過分な勧めと適切な助言で、本書は誕生した。お礼を申し上げる。

本書の原型は別掲の諸論考にあるが、上梓するにあたり全面的に書き直した。書き直しにあたっては、北京外国語大学大学院日本学研究センターでの講義録や、中国社会科学院日本研究所、国連大学グローバル・セミナーでの講演録も挿入した。また、執筆の過程では小峰満子さん、本田量久君、山崎美華さん、一井直子さんにもお手伝いいただいた。ありがとう。

末筆ながら、人生の節目節目でお世話になった故城戸又一先生と高木教典先生、早川善治郎先生にあらためて謝意を表したい。その思いは亡父と老人ホームで暮らす九一歳目前の老母に対しても同じであることを付記しておきたい。

門奈直樹

門奈直樹

1942年静岡県生まれ
1965年同志社大学文学部社会学科卒業
1968年同志社大学大学院文学研究科新聞学専攻修士課程修了．英レスター大学客員研究員，立教大学社会学部長，北京外国語大学大学院日本学研究センター教授などを歴任
現在—立教大学社会学部教授，立教大学大学院21世紀社会デザイン研究科教授
専攻—比較マスコミ論，ジャーナリズム史
著書—『昭和の終焉』(共著，岩波新書)
『ジャーナリズムの現在』(日本評論社)
『アメリカ占領時代 沖縄言論統制史』(改訂版，雄山閣出版)
『デジタル時代の放送を考える—制度・倫理・報道—』(共編著，学文社)
『日本の転換』(編著，毎日新聞社)
『ジャーナリズムの科学』(有斐閣選書)
『民衆ジャーナリズムの歴史』(講談社学術文庫)
ほか

現代の戦争報道　　岩波新書(新赤版)881

2004年3月19日　第1刷発行

著　者　門奈直樹《もんななおき》

発行者　山口昭男

発行所　株式会社 岩波書店
〒101-8002 東京都千代田区一ツ橋 2-5-5

電　話　案内 03-5210-4000　販売部 03-5210-4111
新書編集部 03-5210-4054
http://www.iwanami.co.jp/

印刷・理想社　カバー・半七印刷　製本・中永製本

ISBN 4-00-430881-X　　Printed in Japan

岩波新書創刊五十年、新版の発足に際して

岩波新書は、一九三八年一一月に創刊された。その前年、日本軍部は日中戦争の全面化を強行し、国際社会の指弾を招いた。しかし、アジアに覇を求めた日本は、言論思想の統制をきびしくし、世界大戦への道を歩み始めていた。出版を通して学術と社会に貢献・尽力することを終始希いつづけた岩波書店創業者は、この時流に抗して、岩波新書を創刊した。

創刊の辞は、道義の精神に則らない日本の行動を深憂し、権勢に媚び偏狭に傾く風潮と他を排撃する驕慢な思想を戒め、批判的精神と良心的行動に拠る文化日本の躍進を求めての出発であると謳っている。このような創刊の意は、戦時下においても時勢に迎合しない豊かな文化的教養の書を刊行し続けることによって、多数の読者に迎えられた。戦争は惨澹たる内外の犠牲を伴って終わり、戦時下に一時休刊の止むなきにいたった岩波新書も、一九四九年、装を赤版から青版に転じて、刊行を開始した。新しい社会を形成する気運の中で、自立的精神の糧を提供することを願っての再出発であった。赤版は一〇一点、青版は一千点の刊行を数えた。

一九七七年、岩波新書は、青版から黄版へ再び装を改めた。右の成果の上に、より一層の課題をこの叢書に課し、閉塞を排し、時代の精神を拓こうとする人々の要請に応えたいとする新たな意欲によるものであった。即ち、時代の様相は戦争直後とは全く一変し、国際的にも国内的にも大きな発展を遂げながらも、同時に混迷の度を深めて転換の時代を迎えたことを伝え、科学技術の発展と価値観の多元化は文明の意味が根本的に問い直される状況にあることを示していた。

その根源的な問は、今日に及んで、いっそう深刻である。圧倒的な人々の希いと真摯な努力にもかかわらず、地球社会は核時代の恐怖から解放されず、各地に戦火は止まず、飢えと貧窮は放置され、差別は克服されず人権侵害はつづけられている。科学技術の発展は新しい大きな可能性を生み、一方では、人間の良心の動揺につながろうとする側面を持っている。溢れる情報によって、かえって人々の現実認識は混乱に陥り、ユートピアを喪いはじめている。わが国にあっては、いまなおアジア民衆の信を得ないばかりか、近年にいたって再び独善偏狭に傾く惧れのあることを否定できない。

豊かにして勁い人間性に基づく文化の創出こそは、岩波新書が、その歩んできた同時代の現実にあって一貫して希い、目標としてきたところである。今日、その希いは最も切実である。岩波新書が創刊五十年・刊行点数一千五百点という画期を迎えて、三たび装を改めたのは、この切実な希いと、新世紀につながる時代に対応したいとするわれわれの自覚とによるものである。未来をになう若い世代の人々、現代社会に生きる男性・女性の読者、また創刊五十年の歴史を共に歩んできた経験豊かな年齢層の人々に、この叢書が一層の広がりをもって迎えられることを願って、初心に復し、飛躍を求めたいと思う。読者の皆様の御支持をねがってやまない。

（一九八八年 一月）

社会

ルポ 解雇　島本慈子
未来をつくる図書館　菅谷明子
メディア・リテラシー　菅谷明子
リストラとワークシェアリング　熊沢誠
女性労働と企業社会　熊沢誠
能力主義と企業社会　熊沢誠
食の世界にいま何がおきているか　中村靖彦
狂牛病　中村靖彦
豊かさの条件　暉峻淑子
豊かさとは何か　暉峻淑子
日本の刑務所　菊田幸一
靖国の戦後史　田中伸尚
日の丸・君が代の戦後史　田中伸尚
遺族と戦後　田中伸尚・田中宏・波田永実
山が消えた 残土・産廃戦争　佐久間充

ああダンプ街道　佐久間充
消費者金融 実態と救済　宇都宮健児
少年犯罪と向きあう　石井小夜子
定常型社会 新しい「豊かさ」の構想　広井良典
ゲランドの塩物語　コリン・コバヤシ
IT革命　西垣通
ワークショップ　中野民夫
原発事故はなぜくりかえすのか　高木仁三郎
子どもの危機をどう見るか　尾木直樹
科学事件　柴田鉄治
証言 水俣病　栗原彬編
マンション　小林一輔・藤木良明
コンクリートが危ない　小林一輔
仕事術　森清
すしの歴史を訪ねる　日比野光敏
まちづくりの実践　田村明
まちづくりの発想　田村明

現代たばこ戦争　伊佐山芳郎
東京国税局査察部　立石勝規
バリアフリーをつくる　光野有次
雇用不安　野村正實
ドキュメント 屠場　鎌田慧
ゴミと化学物質　酒井伸一
過労自殺　川人博
交通死　二木雄策
現代社会の理論　見田宗介
現代たべもの事情　山本博史
在日外国人〔新版〕　田中宏
日本の漁業　河井智康
日本の農業　原剛
男の座標軸 企業から家庭・社会へ　鹿嶋敬
男と女 変わる力学　鹿嶋敬
ボランティア もうひとつの情報社会　金子郁容
産業廃棄物　高杉晋吾
ディズニーランドという聖地　能登路雅子

岩波新書より

政治

外務省	薬師寺克行
「都市再生」を問う	五十嵐敬喜 小川明雄
公共事業は止まるか	五十嵐敬喜 小川明雄 編著
市民版 行政改革	五十嵐敬喜 小川明雄
公共事業をどうするか	五十嵐敬喜 小川明雄
議会 官僚支配を超えて	五十嵐敬喜 小川明雄
都市計画 利権の構図を超えて	五十嵐敬喜 小川明雄
有事法制批判	憲法再生フォーラム 編
東京都政	佐々木信夫
都庁 もうひとつの政府	佐々木信夫
ナチ・ドイツと言語	宮田光雄
在日米軍	梅林宏道
技術官僚	新藤宗幸
人道的介入	最上敏樹
日本政治 再生の条件	山口二郎編著
公益法人	北沢栄
住民投票	今井一
自治体は変わるか	松下圭一
政治・行政の考え方	松下圭一
日本の自治・分権	松下圭一
同盟を考える	船橋洋一
大臣	菅直人
相対化の時代	坂本義和
転換期の国際政治	武者小路公秀
戦後政治史	石川真澄
自由主義の再検討	藤原保信
海を渡る自衛隊	佐々木芳隆
東京の都市計画	越沢明
憲法と天皇制	横田耕一
❖	
近代の政治思想	福田歓一

岩波新書/最新刊から

873 家計からみる日本経済　橘木俊詔 著

所得格差の拡大など、長期不況のもと「成長至上主義」の歪みが深刻化している。生活者の「家計」から日本経済を分析する。

874 日本人の歴史意識　―「世間」という視角から―　阿部謹也 著

歴史好きだといわれる日本人だが、歴史をどう見てきたのだろうか。「世間」を歴史的に分析して、日本人の歴史意識を考える。

875 逆システム学　―市場と生命のしくみを解き明かす―　金子勝・児玉龍彦 著

市場や生命という複雑なしくみをどう解明するのか。経済学と生命科学の対話から、まったく新しい科学の方法論が浮かび上がる。

876 ソフトウェア入門　黒川利明 著

日頃は意識されにくい存在だが、今や情報インフラを支えているといわれるコンピュータソフトウェア。その基礎知識と現状を語る。

877 伝言　永六輔 著

いまこそ伝えなければいけない言葉がある。そして言葉には伝え方がある。日常の言葉からラジオまで、言葉の職人が縦横に語る。

878 ウォーター・ビジネス　中村靖彦 著

日本国内をはじめ、アメリカ・中国などの現場取材を通して過熱するその実態を描き、水はいったい誰のものかを考える。

879 大黒屋光太夫　―帝政ロシア漂流の物語―　山下恒夫 著

江戸後期、遭難した廻船・神昌丸の乗員らがロシアで見たもの、体験したこととは？　数奇かつ壮大なドラマを新史料もまじえて描く。

880 カラー版細胞紳士録　藤田恒夫・牛木辰男 著

体をつくる数十兆の細胞は外観も機能も個性的だ。最新の電顕写真が写しだす、「魔術師」「パスタ名人」「忍者」たちの多彩なすがた。

(2004. 3)